AF627667

Christoph Frühwirth

Der Mond und wir

Ein Jahr im Rhythmus der Natur

Mit Mondkalender und praktischen Tipps
von Johanna Paungger-Poppe und Thomas Poppe

Für Martina

Inhalt

Vorwort

Der wie ein Halbbogen gemauerte Durchgang zum Garten, bewachsen mit wildem Wein. Der schmale Gehweg aus grob gehauenem Kopfstein. Das dicht bewachsene Geäst der Eiche im Garten. Sie schimmern im sanften Streulicht. Die Nacht ist hereingebrochen über das kleine Winzerhäuschen am Land, in dem ich lebe. Der Himmel über mir ist schwarz und sternenklar. Das Streulicht wirft ein runder Leuchtkörper ab, der unbeweglich am Firmament verweilt. Er strahlt Ruhe aus und gibt mir Sicherheit. Kein anderes Licht leuchtet mir in dieser Nacht als das des Vollmondes. Er ist ein sinnliches Objekt, ist nicht mit dem Verstand zu begreifen. Der Mond. Er gibt uns Halt und Orientierung.

Für dieses Buch habe ich meinen persönlichen Eindruck von diesem Himmelskörper mit anderen geteilt, habe Menschen besucht, die sich am Mond orientieren, die Halt in der Beschäftigung mit ihm finden. In Tirol ist das der pensionierte Hauptschuldirektor Rupert Mayr, der sich intensiv mit der Natur im Rhythmus der Jahreszeiten auseinandersetzt. In der Steiermark ist es die Kräuterfachfrau Anneliese Hierzegger, die altes Mondwissen ihrer Schwiegermutter abruft. In Bayern sind es Wolfgang und Michael Geistlinger, die in den Alpen Mondholz ernten. In Niederösterreich ist es Biopionier Gerhard Zoubek, der sich beinahe philosophisch der Landwirtschaft nähert. Im Burgenland ist es die Weinbäuerin Birgit Braunstein, die bei Aussaat und Ernte auf die Mondphasen achtet. In Wien sind es Johannes Homa und Franz Kerschbaum, die sich wissenschaftlich mit dem Thema beschäftigen.

Ich bin mit dem letzten Berufspecher Österreichs in den Wald gegangen: Robert Rendl. Er erntet das Scherpech zum Räuchern ausschließlich bei Vollmond. Und ich habe mit meiner Seelenfreundin Martina Monghy den Sterngarten Georgenberg besucht. Ihr ist der Mond von Kind an Freund und Ratgeber. Martina war es auch, die mich auf jenes Ehepaar aufmerksam gemacht hat, das dem alten, beinahe vergessenen Mondwissen weltweite Aufmerksamkeit verschafft hat: Johanna Paungger-Poppe und Thomas Poppe. Diese beiden haben mir das Rüstzeug für meine Reise auf den Spuren des Mondes gegeben – mit einem schlichten Satz: »Schau, dass du ein Gefühl für den Mond bekommst.«

In diesem Sinne,
Ihr Christoph Frühwirth

Es war einmal der Mond …

Zeichen der Natur

Bauern, die im vorigen Jahrhundert ihrer Arbeit nachgegangen sind, wissen, wovon ich in diesem Buch erzählen werde. Der Landwirtschaft verbundene, wie Rupert Mayr, Jahrgang 1948, in der hintersten Wildschönau aufgewachsen. Als dreizehntes von fünfzehn Kindern. Auf einem typischen Tiroler Bauernhof. Er hat noch als Knecht gearbeitet – und später eine Ausbildung zum Pädagogen gemacht. Die Bildung, das Lesen und Schreiben, sie war in der Welt, in die Rupert Mayr hineingeboren ist, nicht lebenswichtig. Der Großvater konnte weder lesen noch schreiben. Die Schrift des Vaters war schwer leserlich. Der Vater konnte es nicht verstehen, warum ein tüchtiger Arbeiter studieren geht und nicht mehr mit seiner Hände Arbeit das Brot verdient. Fürs Überleben notwendig war es, die Zeichen der Natur lesen zu können. Der Sonnenstand, das Sternbild, der Verlauf des Mondes – sie bestimmten das Leben dieser Selbstversorgerfamilie. Am Himmel geschrieben stand, was zu tun und was zu lassen war. Der Großvater, der Vater, die ganze Familie, sie lebten im Rhythmus mit der Natur. Als Hauptschullehrer und späterer Direktor hat Rupert das alte Wissen an seine Schüler weitergegeben und in der Mitte seines Lebens dieses Wissen schließlich für die Öffentlichkeit niedergeschrieben. *Vom Umgang mit den Zeichen der Natur* heißt das Buch. Es begleitet mich seit seiner Veröffentlichung vor bald einem Vierteljahrhundert. Es war einmal der Mond … und Johanna Paungger – Jahrgang 1953, in dem der Wildschönau nahe gelegenen Walchsee in eine Bergbauernfamilie hineingeboren. Johanna wuchs mit dem Wissen um seine Wirkkraft auf. Als siebtes von zehn Kindern war sie ein Großvaterkind. Dieser war taub. Das Kleinkind begann, mit einem Jahr nachts in einem fort zu weinen. Also gab die Mutter es während der Nacht in die Obhut des Großvaters. In seiner Nähe beruhigte sich Johanna.

Es schien, als übe der in sich gekehrte alte Mann eine beruhigende Wirkung auf den kleinen Schreihals aus. Bald schon verbrachten Enkelin und Großvater nicht nur die Nächte, sondern auch die Tage miteinander. Er schnarchte laut, auf die Kleine wirkte das Schnarchen wie ein Beruhigungsmittel. Sie kuschelte sich unter sein Kinn – und schlief tief und fest. Untertags ging der Großvater seiner Wege. Er war in der Gegend als sogenannter »Wentner« bekannt, als jemand mit besonderen Heilkräften. Menschen wie er waren die eigentlichen Ärzte auf den entlegenen Höfen, die oft weit entfernt von jeglicher Zivilisation angesiedelt waren. Bevor ein Doktor gerufen wurde, ging man den Wentner holen. Johannas Großvater wusste um die Wirkkraft der Natur. Das jeweilige Kraut, das er je nach Art der Krankheit benötigte, pflückte er am

Weg zu seinem Patienten. Da er aufgrund der Taubheit so gut wie nicht redete, gab er auch keine Erklärung für sein Tun ab. Die Kleine beobachtete ihn und verinnerlichte das Gesehene. Es gab eine wortlose Übereinkunft zwischen den beiden. Sie tat, was er tat. Und da er meist das Richtige tat, prägte sie es sich ein. So ging die seltene Gabe des alten Mannes wie selbstverständlich auf das kleine Mädchen über.

Der Großvater, wiewohl im Ausgedinge, war in die Hofarbeit eingebunden. Er richtete seine Tätigkeit nach dem Stand des Mondes. Er wusste, wann es Zeit war, zu heuen, wann es Zeit war, den Stall zu misten, wann, einen kaputten Zaun zu richten. Jede dieser Tätigkeiten zum richtigen Zeitpunkt zu verrichten, war auf einem Einschichthof, der Fehler zwar erlaubte, aber nicht verzieh, ein Gebot der Vernunft. Heu, zum falschen Zeitpunkt eingebracht, konnte zum sogenannten Heubrand, einer Selbstentzündung, führen. Ein zum falschen Zeitpunkt ausgemisteter Stall führte zu Krankheiten beim Vieh. Ein kaputter Zaun, zum falschen Zeitpunkt geflickt, hielt nicht lange, ehe er wieder repariert werden musste. Als Johanna vierzehn Jahre alt war, starb der Großvater. Doch das Wissen um den richtigen Zeitpunkt lebte in seiner Enkeltochter fort. Es sollte ein Vierteljahrhundert vergehen, ehe die erwachsene Johanna, fern der Heimat, das Vermächtnis ihres

Großvaters mit anderen teilte. *Vom richtigen Zeitpunkt* heißt das Buch, das sie gemeinsam mit dem Schriftsteller Thomas Poppe verfasste. 1991 war das. Das Buch läutete eine Zeitenwende in der damals noch jungen Grünbewegung ein. Es schien, als habe die Welt auf bodenständiges, bäuerliches Wissen um die Wirkkraft des Mondes gewartet. Die Nachricht der beiden verbreitete sich buchstäblich rund um den Globus: Die Natur ist ein Teil von uns, wir sind Teil dieser Natur. Viel ist über das Phänomen gerätselt worden, viel in dieses Phänomen hineingedeutet worden. Zu Unrecht ist das alte Wissen oftmals im Esoterik-Eck gelandet. Die öffentliche Wahrnehmung des Klassikers hat Befürworter und Gegner auf den Plan gerufen. Die einen wie die anderen haben mit lautem Geplärr die simple wie schlüssige Botschaft der zurückhaltenden Bauerntochter Johanna überstimmt: Tue, was du tust, freiwillig, und tue es zum richtigen Zeitpunkt. Über diese einfach verständliche Botschaft habe ich mich mit ihr verständigt. In einem langen, heiteren, einem wohltuend ruhigen Gespräch sind wir zurückgegangen an ihre Anfänge. Im gemeinsamen Einverständnis darüber, dass, wollte ich den Einfluss des Mondes auf uns Menschen verstehen, ich erst einmal ein Gefühl für das Thema entwickeln müsse.

Uns fremdbestimmten Menschen fehlt nämlich der natürliche Zugang, den der Bauer hoch droben in den

Bergen schlicht und ergreifend haben musste. Ein Zugang, ohne den er nicht überleben hätte können. Er musste die Zeichen der Natur deuten, sie waren seine innere Uhr. Die äußere Uhr, sozusagen das Zifferblatt, das waren der Mond und die Gestirne. Der Mond zeigte sich ihm, grob gesprochen, in vierfacher Gestalt. Bei Neumond war er eine schwarze Kugel. Bei Vollmond strahlte er weiß. Nahm er ab oder zu, stand er als Sichel am Firmament. Der abnehmende Mond zeigte sich als rechtsdrehende Sichel. Der zunehmende Mond als linksdrehende. Der Mond auf seiner Wanderung entlang der Milchstraße: Das war das Bild, das dem Bauern Orientierung gab. Dem Bauern der vorindustriellen Zeit, wohlgemerkt. Jenem, der seinem Tagwerk noch als Handwerker nachging. Der sich nicht von Maschinen gängeln ließ. Denn mit dem Abkommen des Pferdes und dem Aufkommen der Pferdestärken verlor sich das Wissen um den Rhythmus der Natur. Was dereinst als naturgegeben von Generation zu Generation weitergegeben wurde, ging unter in falsch verstandener Technik-Hörigkeit. Das alte Wissen hielt sich nur hoch droben am Berg. Dort, wo die Hänge so steil waren, dass sie nur händisch bewirtschaftet werden konnten.

Zurück zu den Wurzeln

Vor einigen Jahren habe ich einen Mann kennengelernt, der einen bemerkenswerten Wandel durchgemacht hat: Gerhard Zoubek. Der einstige Vertreter von Landwirtschaftsmaschinen übernahm den konventionell geführten Hof der Schwiegereltern und baute ihn gemeinsam mit seiner Frau zu einem der ersten Biobetriebe in Österreich aus. Gerhard ist ein Gemüsebauer, der sich heute als Naturphilosoph versteht. Sein Hof liegt im Marchfeld, vor den Toren Wiens. Er nennt ihn: Adamah. Das ist der hebräische Begriff für Ackerboden. Das Gemüse, das Gerhard zieht, wurzelt tief im Heimatboden. Bereits die Bibel unterschied strikt die brache Wüste vom durch den Bauern zu bestellenden fruchtbaren Land. Die Wüste von heute ist das klinisch-künstliche Umfeld, in das wir alle gestellt sind. Die biologisch-dynamische Landwirtschaft hingegen geht an die Ursprünge der Schöpfungsgeschichte zurück. Gerade dadurch wirkt sie in Zeiten des Klimawandels so modern. Ganz im Gegensatz zur konventionellen Landwirtschaft, die den technologischen Errungenschaften der Moderne nachjagt, dabei aber rückwärtsgewandt agiert. Es hat sich bewährt, wenn der Bauer in den Boden hineinhorcht. Fehleranfällig hingegen ist die App am Handy, die in einer Art elektronischem Fahrplan morgens anzeigt, wie untertags das Feld zu bestellen ist. Eine Applikation kann nicht in den Boden hineinhorchen, sie führt keinen Dialog mit ihm, kann ihn nicht als Nährboden erkennen. Für Gerhard ist es gelebte Praxis, sich der Scholle als Freund zu nähern – und sie dadurch ihrem Wesen nach kennenzulernen.

Der Hof geht zurück an die Wurzeln des Landbaus. Gerhard Zoubek hat die Zeichen der Zeit erkannt. Er verstand es, den entwurzelten Stadtbewohner von seiner Philosophie zu überzeugen. Auch und vor allem mit seinen Lebensmitteln. Was auf den Selbstversorgerhöfen der Familien Paungger und Mayr noch gelebte Realität gewesen ist, auf Gerhards Hof wurde es zu einem lukrativen Geschäftsmodell. Dabei ist die Geschäftsidee ebenso simpel wie die Botschaft vom richtigen Zeitpunkt: die Geschichte hinter seinen Nahrungsmitteln kennen und ihnen eine Biografie geben. Der Kundschaft wird die Scheu vor der Kartoffel genommen, der noch die frische Erde anhaftet, indem Gerhard den Nährwert der staubigen Schale erklärt. Die der Natur entwöhnten Städter riechen die Erde, sie spüren ihren Geschmack auf der Zunge. Und doch wissen die wenigsten von ihnen, dass sich in der Handvoll Erde mehr Lebewesen tummeln, als Menschen auf dem Globus existieren. Mikroorganismen, die in ihrer Vielfalt für durch und durch gesunde Bodenflora sorgen. Wir reden heute unentwegt vom Ökologischen Fußabdruck, doch erst langsam setzt sich die Information durch: Nur ein gesunder Ackerboden ist Grundlage für eine gesunde Erdoberfläche. Dabei ist es so einfach: Eine Kartoffel, die nach Erde schmeckt, mehr braucht's nicht, um das Wesen von Gesundheit zu erklären. Die Bewirtschaftung von Ackerboden ist also die unumgängliche Wirtschaftsform. Jede andere ist, bedingt durch die Zeitläufte, nur eine Ausformung davon. Es liegt an uns, den Ackerboden lebendig zu halten. Im Großen, in der Landwirtschaft, wie im Kleinen, im Schrebergarten. Bodenleben ist nur möglich, wenn der Boden auch lebt. Die oberste Schicht der Erdkruste ist der Lebensraum von Bakterien, Pilzen, Algen und Einzellern. Einen Stock tiefer nisten Faden- und Regenwürmer, Milben, Asseln und Insektenlarven. Unter einem Hektar Acker, der landwirtschaftlichen Maßeinheit, nisten Bodentiere mit dem Lebendgewicht von zwanzig Kühen. Dieses lebendige Bodenleben ist nur in Hohlräumen möglich, die mit Wasser oder Luft gefüllt sind. Biochemische Spritzmittel, die in den Boden einsickern, töten jedes Leben. Und damit den Boden. All die Bodentiere, die für natürlichen Humus sorgen, sterben ab. Doch Humus ist das wichtigste Lebensmittel eines gesunden Bodens. Ohne Humus kein gesunder Boden, keine gesunden Nahrungsmittel. Eins bedingt das andere. Eins schließt das andere aus. Wenn wir den organischen Kreislauf stören, essen wir uns krank. Die Medizin hat dafür einen Allgemeinplatz erfunden: die Zivilisationskrankheit. Sie ist die logische Konsequenz aus der Abwendung von der Natur. Wenn wir nicht mehr im Rhythmus mit der Natur leben, kommen wir aus dem Takt. Jeder Musiker weiß, wovon ich schreibe. Jene Bauern, die das Wissen des 20. Jahrhunderts hinübergerettet haben ins 21. Jahrhundert, fühlen sich bestätigt. Doch machen wir Halt in einem Jahrzehnt des vorigen Jahrhunderts, das heute neudeutsch als *Space Age* bezeichnet wird. Halt in den 70er-Jahren, an deren Beginn der Mensch das Weltall erobert hat.

Das Mondevent

Seit Galileo Galilei haben wir sehnsuchtsvoll den Blick gen Mond gerichtet. Am 21. Juli 1969 war es dann endlich so weit. Und ein Mensch blickte vom Mond in Richtung Erde. Ein Ereignis, das erstmals ein kollektives Wirgefühl hervorrief. Wir sahen uns als Teil einer naturwissenschaftlichen Sensation und inszenierten die Eroberung des fremden Planeten als weltumspannendes Fernsehevent. Keiner meiner Gesprächspartner, der sich nicht an dieses Ereignis erinnern kann. Der dazu nicht eine eigene, durchaus kritisch-distanzierte Meinung hat. Dieser kleine Schritt für einen Menschen, er holte den Mond – dieses mit freiem Auge erkennbare Gebilde, von dem wir so gut wie nichts mehr wussten – zurück in unser Bewusstsein. Doch war, was wir damals sahen und was da in unscharfen Schwarz-Weiß-Kadern über unsere Bildschirme flimmerte, wirklich der viel zitierte große Sprung für die Menschheit?

Ich frage Johanna und Thomas, die Mond-Experten. Thomas handelt das Thema kurz und bündig ab: »Ich hab noch das Gezischel im Ohr, von dem endlosen Funkverkehr. Und als Bild den aufgewirbelten Staub, als der Neil Armstrong von der letzten Treppenstufe runtergehüpft ist. Dieser berühmte kleine-große Schritt. Der Rest ist in einem anderen Elementarereignis dieser Zeit verpufft: Ich war gerade bis über beide Ohren verliebt.« Die beiden lachen herzhaft.

Intensiver ist da schon die Erinnerung von Johanna, die sich mit einer großen Erwartungshaltung auf das Ereignis gefreut hatte. Sie sei zum Zeitpunkt der ersten Mondlandung ein fünfzehnjähriges Mädel vom Land gewesen, das erst seit Kurzem in der Großstadt München gelebt habe. Gewohnt habe sie in einem Mädchenheim. Im Gemeinschaftsraum habe sie mit ihren Mitbewohnerinnen die ganze Nacht über die Liveübertragung verfolgt. Zu dieser Zeit habe sie sich eigentlich für ihr altes, ihr, wie sie damals dachte, altmodisches Wissen geschämt. Sie, die um den Einfluss des Mondes wusste, habe in der Stadt erkennen müssen, dass hier alles »andersrum läuft«.

Aber damals, bei der Liveübertragung habe sie gehofft, Antworten auf ihre Fragen zu bekommen. Zum Beispiel, warum der Mond für Ebbe und Flut verantwortlich sei. Sie war felsenfest der Überzeugung, nun würden Wissenschaftler bestätigen, was ihr Gefühl längst wusste. Sie sei dort gesessen in der Erwartung, sich fortan nicht mehr für ihr Wissen schämen zu müssen, sich nicht mehr erklären zu müssen. Doch es folgte keine fundierte Information, die ihr altmodisches Wissen untermauerte. Die Mission der amerikanischen Astronauten brachte keine Richtigstellung dessen, was da so falsch lief im Alltag des Mädchenheims. Keiner erklärte den Mädels im Gemeinschaftsraum, warum man beim Zahnarztbesuch oder beim Friseurtermin auf den Mond im Stand des Sternzeichens achten müsse. Es gab nur ein paar verwackelte Bilder, einen knarzenden O-Ton und die nichtssagende Erkenntnis: »Ein kleiner Schritt für einen Menschen, ein großer Sprung für die Menschheit.«

Johanna fühlte sich an das Märchen *Des Kaisers neue Kleider* erinnert. Ein findiger Kleidermacher stattet einen selbstverliebten Monarchen mit dem Adamskostüm aus, und sämtliche Hofschranzen verpflichten sich, in vorauseilendem Gehorsam das Augenscheinliche zu negieren. Der Kaiser tritt, wie Gott ihn schuf, vor sein Volk. Auch hier wird das prächtige Gewand bewundert, da keiner als dumm gelten möchte. Erst ein kleines Mädchen macht dem Spuk ein Ende: »Aber der Kaiser ist doch nackt!«

Das Mädchen aus dem Märchen, das könnte ebenso die kleine Johanna sein, ein Bergbauernkind, das von seinem geliebten Großvater das richtige Hinschauen gelernt hat. »Jeder Bauer, der einen Vortrag über den Einfluss des Mondes auf uns hält, hat mehr Wirkkraft als dieses Fernsehevent damals«, sagt Johanna in unserem Gespräch. Lange hätte sie zu dieser Überzeugung nicht öffentlich gestanden. Sie wollte nicht als überheblich gelten, nicht gegen den Strom der öffentlichen Meinung schwimmen. Denn was sie so beherzt in der Einschicht der Berge an Wissen vermittelt bekommen habe, habe sie später, fern der Berge, »mit dem Herz in der Hosentasche« nach außen getragen. Doch zum Fünfzigjahrjubiläum der Mondmission, da habe sie genau das in der Öffentlichkeit gesagt – sagt Johanna Paungger, die Zurückhaltende, die nicht einmal dann zu missionieren beginnt, wenn ihr die Welt zuhört.

Aus ganz anderem Holz ist da Rupert Mayr geschnitzt, der pensionierte Hauptschuldirektor, der in seinem Dorf, der in seinem Bezirk, ja, der im Land Tirol als Respektsperson gilt. Er hat sich von einem dem Vater dienenden Knecht zu einem der Gesellschaft verpflichteten Staatsdiener hochgearbeitet. Dieses Selbstbewusstsein strahlt er auch aus. Er hatte damals – und noch heute – eine ganz klare Meinung zur Mondlandung und tat diese auch kund.

Rupert absolviert im Sommer 1969 gerade eine landwirtschaftliche Auslandspraxis auf einer großen Farm in England, 21 Jahre ist er da alt. Die Landarbeiter im Betrieb sind ganz aufgeregt. Rupert ist das Ereignis mehr lästige Pflicht als freudige Kür. Die Übertragung findet zu mitternächtlicher Stunde statt. Für den beginnenden Tag ist schönes Wetter angesagt. Ideales Wetter also für die Feldarbeit. Er möchte ausgeschlafen zur Arbeit gehen. Doch im Betrieb sind alle Mitarbeiter zum Dienst vor dem Fernseher verpflichtet. »Mondschauen« als Bildungsprogramm ist angesagt. Der junge Mann schluckt den Frust hinunter, indem er sich lustig macht über so viel Dummheit. Für ihn ist der Mond kein fremder Planet, sondern ein Kalender, den bereits seine Vorfahren zur Hand genommen haben. Er ärgert sich: »So viel Aufwand … die Erde verlassen, nur um von oben auf sie zu schauen.« Das Ereignis ist für ihn nicht mehr als der endgültige Beweis für die Sensationslust seiner Mitmenschen. Er verfolgt die Übertragung und gewinnt immer mehr die Erkenntnis: Keiner von denen, die da kommentieren, keiner von denen, die das Kommentierte kommentarlos zur Kenntnis nehmen, kein Einziger von denen versteht tatsächlich, welchen Einfluss der Mond auf den kosmischen Kreislauf hat. Ungehört verhallt sein Stoßseufzer in den Weiten des Äthers: »Bitte, lasst's mir den Mond in Ruh!«

Um das Verhältnis zwischen Erde und Mond, um seinen Einfluss auf uns Erdbewohner zu verstehen, müssen wir uns einer ganz simplen Tatsache bewusst werden. Ich wiederhole mich bewusst: Es gibt kein Leben auf der Erde ohne den Acker. Der Acker ist unser Nährboden. Pflegen wir ihn, pflegen wir unsere Erde. Der Bauer, solange er noch Selbstversorger war, wusste das. Pflanzenschutzmittel waren ihm unbekannt. Warum hätte er sie auch einsetzen sollen? Die Pflanze schützt sich selbst. Und ganz egoistisch: Man vergiftet nicht, was man isst. Der Bauer war sich bewusst: Esse ich eine kranke Pflanze, erkranke ich selbst. Ein kranker Mensch aber fehlte als Arbeitskraft am Hof. Zu Zeiten, in denen es noch keine Bauernkrankenkasse gab, eine Katastrophe. Heute, wo wir bedenkenlos Medikamente schlucken, um nicht krank zu werden, vergessen wir nur allzu gern: Bereits die Einnahme von Medikamenten kann krank machen. Der durch seinen Umgang mit der Natur kerngesunde Mensch am Selbstversorgerhof nahm keinen fremden Wirkstoff zu sich. Er hielt sich an das Sprichwort: »Gegen jede Krankheit ist ein Kraut gewachsen.« Ebenso verhielt es sich mit den Kräutern. Sie wurzelten in gesundem Boden. Um die Bodenflora lebendig zu halten, streute der Bauer Dünger aus. Er spritzte also keinen Fremdstoff, sondern düngte den Abfall seiner Nahrungsmittel. Ein kleiner Schritt für einen Menschen, doch ein großer Sprung für die Menschheit: der wiederverwertete Abfall. Durch dieses – wie es neumodisch heißt – Recycling gelangen alle wichtigen Nährstoffe in den Boden und fördern die Humusbildung. Seit jeher ist Humus – sprich: der Dünger vom Misthaufen – die Bionahrung des Ackers. Der Bauer wusste: Wenn ich meinen Boden gut ernähre, nährt mich auch der Boden gut. Es war ein Kreislauf von Geben und Nehmen, dieses bäuerliche Jahr im Rhythmus der Natur. Und es stand ganz im Zeichen von Sonne, Mond und Sternen.

zunehmender Mond
Vollmond
Neumond
abnehmender Mond

Die Mondphasen

ERSTE PHASE

Neumond

Beinahe einen Monat dauert die Umkreisung der Erde durch den Mond. Der Sonne wendet er dabei nur eine Seite zu. Die andere Seite ist in absolutes Dunkel getaucht. Steht der Himmelskörper zwischen Sonne und Erde, wendet er uns seine dunkle Seite zu: das rabenschwarze Mondgesicht.

Es bezeichnet eine Zeit der Ruhe und Entspannung, so als wolle die Erde einatmen. In diesen zwei bis drei Tagen ist die Entgiftungsbereitschaft des Körpers am höchsten, können kranke Bäume nach einem Rückschnitt gesunden, erholen sich verletzte Tiere in freier Wildbahn.

ZWEITE PHASE

Zunehmender Mond

Auf den Neumond, als schwarze Scheibe im Kalender verzeichnet, folgt der zunehmende Mond. Der Mond wendet sich, von links nach rechts wandernd, der Sonne zu: Wir sehen eine feine Sichel. Wir sollten in dieser Phase den Körper aufbauen und stärken. Geburtenkliniken verzeichnen es in ihren Büchern: Bei zunehmendem Mond und bei Vollmond kommen mehr Kinder zur Welt.

DRITTE PHASE

Vollmond

Zur Mitte seiner Wanderung sehen wir das Mondgesicht in seiner vollen, strahlenden Pracht. Er zeigt uns die der Sonne zugewandte Seite. »Mondsüchtige« Menschen wissen ein Lied davon zu singen: Bei Vollmond wandeln sie im Schlaf. Und beim Baum tritt nun der gegenteilige Effekt zum Neumondstand ein: Wird er jetzt beschnitten, kann er absterben – ein Beispiel für den richtigen Zeitpunkt.

VIERTE PHASE

Abnehmender Mond

Die Sichel dreht sich: von rechts nach links. Hausfrauen und -männer freut's: Die anfallenden Arbeiten gehen leichter von der Hand. Die Samen von unterirdischem Gemüse können gesät werden. Das Beschneiden von Obstbäumen ist in dieser Phase ebenfalls günstig, ideal an Widder, Löwe oder Schütze.

Während sich die Sonne etwa einen Monat lang im Sternbild eines Tierkreises aufhält, durchläuft es der Mond bei seiner circa 28-tägigen Umrundung der Erde in nur zweieinhalb Tagen. Alte Mondkalender zählen dabei immer ganze Tage, beginnend um Mitternacht. Daher steht der Mond manchmal zwei, manchmal drei Tage in einem Tierkreiszeichen. Mit dem Tierkreis sind zwölf unterschiedliche Kräfte verbunden, die je nach dem Stand des Mondes wirksam werden.

FÜNFTE PHASE

Mond im Tierkreis

Johanna Paungger und Thomas Poppe haben dieses Naturphänomen in ein allgemein verständliches Bild gefasst: die Uhr. Die Sonne ist es, die den Mond als Zeiger zum Leuchten bringt. Er bewegt sich entlang der zwölf Sternbilder des Tierkreises: Das sind die Zahlen von 1 bis 12.
Je nach Stellung der Sternzeichen zur Sonne übt diese unterschiedlich starke Kräfte auf uns aus. Jeweils einen Monat lang hält sich der Mond in einem Sternbild des Tierkreises auf. Dabei durchläuft er allerdings gleichzeitig das jeweilige Zeichen dieses Sternbildes, also die Ziffer. In einem Satz zusammengefasst: Er hält sich im Ziffernblatt auf, während er gleichzeitig von Ziffer zu Ziffer eilt. Der Mondstand im Tierkreis übt spezifische Einflüsse auf unsere Körper- und Organbereiche aus. Er ist also verantwortlich für unsere Gesundheit. Bereits Hippokrates stellte fest: »Wer Medizin betreibt, ohne den Nutzen der Bewegung der Sterne zu berücksichtigen, der ist ein Narr.«

Die Grundregel nach Paungger/Poppe lautet:
»Alles, was man für das Wohlergehen jener Körperregionen und Organe tut, die von dem Zeichen regiert werden, das der Mond gerade durchwandert, wirkt doppelt gut.«

SECHSTE PHASE

Aufsteigender Mond

Der aufsteigende Mond – das sind jene etwa 14 Tage, in denen der Mond die Tierkreiszeichen Schütze, Steinbock, Wassermann, Fische, Widder und Zwillinge durchwandert. Wichtig ist diese Phase vor allem für Garten und Landwirtschaft. So werden Ernte und Lagerhaltung günstig beeinflusst, die Säfte wandern nach oben, und besonders an Widdertagen bleiben Früchte länger haltbar.

SIEBENTE PHASE

Absteigender Mond

Der absteigende Mond bezeichnet jene 14 Tage, in denen der Mond die Tierkreiszeichen Zwillinge, Krebs, Löwe, Jungfrau, Waage, Skorpion und Schütze durchwandert. Dabei ist es gleichgültig, ob der Mond zu- oder abnimmt. Der Begriff ist in Garten und Landwirtschaft von Bedeutung, wo diese Zeit eine Alternative bietet für Arbeiten, für die man bei anderen Mondphasen keine Zeit gefunden hat, etwa zum Pflanzen. Bei absteigendem Mond ziehen sich die Säfte nach unten zurück und fördern die Wurzelbildung.

Besonders die beiden letztgenannten Phasen finden ihre praktische Anwendung großteils in Landwirtschaft, Natur und Garten. Der Volksmund beweist in ihrer Benennung großes poetisches Gespür. Rupert weist mich daraufhin: »Den aufsteigenden Mond haben die Bauern ›über sich gehend‹ genannt. Und zum absteigenden Mond haben sie ›unter sich gehend‹ gesagt.«

In Kombination mit den Sternzeichen haben die sieben Mondphasen nicht nur für Natur und Garten, sondern auch für uns Menschen Gültigkeit. Doch ist und bleibt all das graue Theorie, wenn wir uns dem Thema nicht mit einer Eigenschaft nähern, die Wildtieren das Überleben sichert: unserem Urvertrauen. Tiere leben nach ihrem Instinkt. Wir Menschen versuchen, auf unsere Fragen logische Antworten zu finden. Doch Verstand ist fehl am Platz, wenn es um Gefühle geht. »Du musst erst einmal spüren, welchen Einfluss der Mond auf dich hat«, gibt mir Johanna mit auf den Weg, »dann, wenn du ein Gespür entwickelt hast, kannst du auch den Mond für dich arbeiten lassen.« Wie heißt es im Erstlingswerk der beiden? »Der Mondstand ist nur ein Uhrzeiger – das Gefühl dafür, was er anzeigt, tragen wir in uns.« Ein wunderschöner Gedanke, der mich in mich gehen lässt. Es wird Zeit, das Jahr im Rhythmus der Natur näher zu betrachten.

HERBST
WINTER
FRÜHLING
SOMMER
Oktober
November
Dezember
Jänner
Februar
März
April
Mai
Juni
Juli
August
September

Ein Jahr im Rhythmus der Natur

JÄNNER

Der Eismond

Im Winter muss der süße Bund
Schon fest geschlossen sein,
So darfst nicht lange stehen
im Schnee
Bei kaltem Mondschein.

Poetische Bauernregel von Ludwig Uhland

Ich unterhalte mich mit Rupert über die alten Bezeichnungen für den jeweiligen Monat. Er schickt etwas Grundsätzliches voraus, das ihm sehr wichtig ist. Das Bauernjahr wurde früher nicht in Monaten gerechnet, sondern in immer wiederkehrenden Zeitabschnitten. Der Bauer horchte in die Natur hinein: Kommt Unwetter auf, muss ich das Heu einholen, bricht der Winter ein, schlage ich das Holz. Er blickte hinauf zum Himmel: Bildet die Mondsichel eine Harke, säe und pflanze ich, bildet sie eine Schüssel, hole ich die Ernte ein. An diesen Zeichen hielt er fest, in sie setzte er sein Urvertrauen. Den Monaten hingegen gab er Spitznamen, die auf ein spezielles Charakteristikum hinwiesen.

Der Jänner war der Eismond. Das Glas in den Holzrahmenfenstern beschlug noch bei Frost. Es bildeten sich die sogenannten Eisblumen. Je nach Örtlichkeit wuchsen diese verschieden: Am Fenster des Kinderzimmers gab es andere Gebilde als am Stallfenster. Zu einer Zeit, als es noch keinen Fernseher gab, war dieses Naturschauspiel eine willkommene Abwechslung.

Auch die Enkel von Wolfgang Geistlinger in Berchtesgaden kennen heute noch Eisblumen. Im Haus ihrer Großeltern sind Fensterrahmen aus gewachsenem Holz mit natürlichen Glaseinsätzen eine Selbstverständlichkeit. Wolfgang Geistlinger ist ein Sägewerker vom alten Schlag.

In dem kleinen Betrieb, gleich neben dem Wohnhaus, rattert eine alte Gattersäge aus dem Jahre 1963. Doch nicht nur das. Wolfgang und sein Sohn Michael arbeiten in jahrhundertealter Tradition: mit zum richtigen Zeitpunkt geschlagenem Holz, dem sogenanntem Mondholz. Die Bezeichnung hat nichts mit der romantischen Märchenmeinung vom im Mondschein geernteten Baum zu tun. Unter Waldbauern bezeichnet es den selbstverständlichen Zeitpunkt des Holzschlagens: abnehmender Mond im Zeichen Steinbock, um den Gefrierpunkt.

Bei Bäumen gibt es nur einen Flüssigkeitstransport. Dieser findet im Inneren des Stammes statt, unter der Rinde. Ähnlich wie die Gezeiten am Meer hat der Mond Einfluss auf den Wassergehalt im Holz. Beim Gefrierpunkt im richtigen Mondzeichen herrscht Saftruhe. Das Holz ist trockener, hat weniger Risse, verzieht sich nicht und ist witterungsbeständiger. Da der Baum zu diesem Zeitpunkt auch den geringsten Nährstoffgehalt hat, gibt es so gut wie keinen Pilzbefall. Es ist also ein durch und durch gesunder Körper, der – zum richtigen Zeitpunkt – aus dem Wald geholt wird.

Ich begleite Wolfgang und Michael, die – in bester bayrischer Mundart formuliert – »Sogheisl'n«, sprich: Sägewerker, die gemeinsam mit einem Forstarbeiter eine Fichte ernten. Wir sind am Zinkenkopf oberhalb der Roßfeldstraße, einer Höhenstraße, die sich in Serpentinen die Berchtesgadener Alpen hinaufschlängelt. Es herrscht klirrende Kälte. Der Frost streicht uns glasklar ums Kinn. Wolfgang hat die Fichte einige Tage zuvor markiert. Es werden daraus Bretter für einen Fußboden in Erding geschnitten. Die Männer sehen nach oben zum Baumwipfel. Man müsse in jene Richtung sägen, in der das meiste Gewicht vorherrscht. Das ist dort, wo der Astbestand am dichtesten ist. Nach dem Augenschein wird der Korridor, in den der Baum fällt, im abschüssigen Gelände gesucht. Es sei schwierig gewesen, die Forstbetriebe Berchtesgaden, den Waldeigentümer, von ihrem Vorhaben zu überzeugen. Geholfen habe damals vor gut zwanzig Jahren die Bestellung eines jungen Forstmeisters, eines gewissen Dr. Müller. Der habe die Philosophie rund ums Mondholz pragmatisch gesehen: Er müsse halt für den Mehraufwand des Holzschlagens zum richtigen Zeitpunkt mehr Geld verlangen. Wolfgang akzeptierte. Sie wurden sich handelseins.

Der Forstarbeiter schneidet in Fallrichtung ein Drittel aus dem unteren Stamm. Er umrundet den Baum und wiederholt den Vorgang. Die rund 25 Meter hohe Fichte, diese mächtige Säule, steht nunmehr auf der Bruchleiste. Handarbeit ist gefragt: Der Arbeiter treibt das Fallbeil, ein schweres Eisen, in den Spalt. Ein Wanken, ein furchterregendes Knacken, ein Peitschenschlag. Der Baum fällt in Hanglage. Schnee staubt auf und hüllt uns in nasskaltes Weiß.

Wir stehen da. Und schweigen. Später, in der warmen Stube, wird Wolfgang zu mir sagen: »So ein Baum, der ist oft zweihundert Jahre alt – zwei Menschenleben lang. Und du schneidest ihn in zehn Minuten um: zack, wumm, bumm – löschst in wenigen Minuten zwei Menschenleben aus. Da ist es das Mindeste, dem Lebewesen Baum die letzte Ehre zu erweisen.« Das gebiete allein die Ehrfurcht vor diesem Geschöpf der Natur.

Wir stapfen im tiefen Schnee durch den Wald. Hinunter zur Straße, wo Wolfgang den Geländewagen in einer Straßenkehre geparkt hat. Beim Abstieg kommen wir an zwei Baumstammlagern vorbei. Eines gehöre ihm: frisch geschlagenes Mondholz. Er zeigt auf die makellose Schnittfläche. Die Jahresringe sind ganz eng, das Holz zeigt keinerlei Risse. Die anderen Baumstämme gehörten einem konventionell arbeitenden Sägewerker. Der Vergleich verblüfft: breitere Jahresringe, Risse, die Rinde zum Teil vom Pilz befallen. Solches Holz müsse chemisch behandelt werden, da es sich sonst nicht halten würde. In ihrem Buch *Zum richtigen Zeitpunkt* vergleichen Johanna und Thomas chemisch behandeltes Holz mit medikamentös ruhig gestellten Patienten in der Nervenheilanstalt. Wolfgangs Sohn Michael, der in einem holzverarbeitenden

Industriebetrieb gearbeitet hat, kann den Vergleich bestätigen: Holz sei ein Naturbaustoff, in seinem Bewegungsdrang dem Menschen durchaus vergleichbar. Er habe ein Eigenleben. Und dieses Eigenleben dürfe man nicht durch Chemie zu künstlicher Ruhe zwingen.

Im »Saghäusl«, dem kleinen Sägewerk, das bereits in fünfter Generation betrieben wird, rattert die Säge gleichmäßig im Takt. Reden ist hier nicht möglich. Ich versenke mich im Takt des Sägeblattes. Brett um Brett wird aus dem entrindeten Baumstamm gearbeitet. Es ist eine gleichförmige Arbeit. Der Geruch von Sägespänen ruft in mir Erinnerungen aus meiner Jugend auf – einer Jugend, die ich teils im Sägewerk eines Nennonkels, des Hans-Onkels, verbracht habe. Der alte Spruch, Holz übe eine entspannende Wirkung aus, er zeigt sich wieder einmal. Die Familie Geistlinger ruht in sich, es scheint, als bringe sie nichts und niemand aus dem Takt.

Wolfgang holt mich aus meinen Gedanken: »Geh ma rein in die Stube, da können wir ungestört reden.« Angefangen habe er um die Jahrtausendwende mit der Arbeit mit Mondholz. Er habe damals einen älteren Mitarbeiter gehabt, einen Waldbauern, der sich noch sehr um das alte Wissen bemühte. Der wusste, in welchem Zeichen ein Schotterweg zu richten sei, damit es ihn nicht beim ersten Regen ausschwemmt. Der habe Herbstlaub nur bei abnehmendem Mond gesammelt, damit die Blätter sich nicht entzündeten. Der habe ihm gelehrt, Holz nur in der »toten Zeit«, bei absoluter Saftruhe, zu schlagen. Der Mann sei in der Gegend als Sonderling belächelt worden. Doch Wolfgang habe von Anfang an diese besonderen Kräfte seines Mitarbeiters gespürt, lange bevor er dieses Gefühl benennen konnte. Langsam habe er dann begonnen, Mondholz zu schlagen. Die Anfänge waren hart. Musste er doch den Mehraufwand – die höheren Kosten beim Forsten, die aufwendigere Trockenlagerung – auf den Verkaufspreis aufschlagen. Sein Holz sei um gut die Hälfte teurer als das der Mitbewerber gewesen. Und dafür hatte er so gut wie keine griffigen Argumente zur Hand. Dann kam das Jahr 2004. Der Dachstuhl am eigenen Haus musste neu aufgesetzt werden. Wolfgang ging in den Wald und schaute sich nach reifen Bäumen um, die geerntet werden mussten, um Platz für jüngere zu machen. Deshalb, weil er sie der Kundschaft aufgrund ihres Wuchses oder ihrer Beschaffenheit nicht zumuten konnte. Er holte alles an Tannen und Fichten aus dem Wald, das rausgehörte. Aber er befolgte die Mondregel: abnehmend, Steinbock, null Grad, keine Versiegelung. »Noch 16 Jahre danach haben die Balken keine Risse, es zeigen sich keine Verfärbungen. Und unversiegeltes, also naturbelassenes Holz, riecht einfach herrlich nach Wald.« Wolfgang hat heute noch Freude daran, wenn er davon erzählt. Damals aber war es das Aha-Erlebnis schlechthin. Es kam zu einem Dominoeffekt: »Wenn du selbst eine Freude hast mit dem, was du schaffst, dann überträgt sich diese auch auf dein Gegenüber.« Aus dieser inneren Zufriedenheit heraus begann Wolfgang, Holz zu verarbeiten, von dem er wusste, es würde auch anderen lebenslange Freude bereiten. Ganz simpel.

Bei Handarbeit spiele das Gefühl eine große Rolle: »Du greifst das Holz ja hundert Mal an. Da merkst du, hat das weniger, hat das mehr Feuchtigkeit.« Es ist das Holz, das den Sägewerker sprichwörtlich bei der Hand nimmt, wenn er es angreift. Die Natur ist ihm Lehrmeister. Er weiß, er kann sie nicht überholen. Schnelligkeit bedeute Stress. Stress, vor allem jener, den man sich selbst mache, strahle negativ auf einen aus, mache krank. Wer aber mit der Natur arbeite, dem gäbe sie ihren eigenen Rhythmus vor: »Wenn es viel Schnee hat, muss ich zum Arbeiten aufhören. Bei einem Sauwetter kann ich mich auf den Kopf stellen, und trotzdem zwingt es mich zum Stillstand. Dann muss man ruhig bleiben.« Ruhe und Langsamkeit: Das sind die zwei Eigenschaften, die das Arbeiten mit Mondholz den Sägewerker gelehrt haben. Holz sei ein Material mit sehr langsamer Energie. Es sei ihm Vorbild. »Mag sein, dass alles ein bisschen länger bei uns dauert, aber dafür kommt am Ende was Gescheites dabei raus.« Bäume seien ja auch in Zeitrhythmen eingebunden: »Im Wald hängt alles mit allem zusammen, die großen mit den kleinen Bäumen, die Pilze am Boden, die Wurzeln, die Wasserströme. Das bedingt sich alles gegenseitig. In unserer schnelllebigen Gesellschaft, in der alles verschleudert und weggeschmissen wird, weil es nicht mehr modern ist, könnten wir uns vom Wald etwas abschauen in Sachen Zeitlosigkeit. Sonst überholen wir uns am Ende selbst.«

JOHANNAS MONDTIPP

Holz, zum richtigen Zeitpunkt geschlägert, wird inzwischen wieder vielfach angeboten. Der beste Zeitpunkt dafür sind alljährlich der 21. Dezember, der »Thomastag«, und der 24. Juni (zwischen 12 und 13 Uhr Sommerzeit). Aber auch jeder Zeitpunkt im Winter bei abnehmendem Mond ist geeignet, um Holz zu ernten, das später keiner speziellen Behandlung mehr bedarf.

Johanna über ihre Kindheit am Bergbauernhof

»Mein Vater ist gehörlos aus dem Zweiten Weltkrieg zurückgekommen. Aus Rücksicht auf ihn haben wir am Tisch nicht geredet. Wir haben uns einfach fest angeschaut und mehr oder weniger Gedanken gelesen. Mich auf Menschen einzulassen, ist mir daher selbstverständlich. Als Baby allerdings war ich ein Schreihals. Meiner Mutter hab ich den Schlaf geraubt. Mein Großvater war ebenfalls taub: Er hat im Ersten Weltkrieg das Gehör verloren. Um zu ihrem Schlaf zu kommen, hat mich die Mutter versuchsweise zum Großvater in die Kammer gelegt. Dort war ich auf einmal friedlich. Sie hat mich zurückgeholt, schon habe ich wieder geschrien. Nach ein paar Wochen haben sie mich beim Großvater in der Schlafkammer gelassen. Tagsüber war ich bei Eltern und Geschwistern, nachts beim Großvater – bis in die Volksschulzeit hinein. Sobald ich laufen konnte, bin ich in der Früh gemeinsam mit ihm aufgestanden, bin mit ihm in den Wald gegangen, auf den Berg. Wir haben Kräuter gesammelt oder Gebirgsstege repariert. Der Großvater war eine Art … heute würde man dazu Heiler sagen. Er wurde bei Krankheiten auf teils entlegene Höfe gerufen. Am Weg dorthin haben wir die benötigten Kräuter gepflückt. Dabei habe ich fürs Leben gelernt: Wenn du auf dein Gegenüber eingehst, weißt du intuitiv, was es braucht.«

FEBRUAR

Der Hornmond

Der Mond im Silbernachen
durchzieht die blaue Flut,
er scheint allein zu wachen,
wo alles schlummernd ruht.

Luise Otto

Der Hornmond bezeichnete jene Zeit, in der das Brennholz mit dem Schlitten aus dem Wald geholt wurde. Dabei ging es rasant über die sogenannte Hornung, die gefrorenen Hügel. Ebenso gefährlich war die Einfuhr der Heuballen. Das im Sommer gemähte Gras wurde zum Trocknen direkt vor Ort in Heustadeln zwischengelagert. Im Winter, wenn dann Schnee lag, wurden schwere Heuballen geschnürt, die ebenfalls über die Hornung vom Berg ins Tal gebracht wurden.

Der Ausdruck Hornmond ist auch beim Waidwerk gebräuchlich. Der Februar ist der letzte Monat im »jagerischen Jahr«. In diesem Monat kommt es bei den Geweihträgern zum Hornwechsel. Die Rehböcke und Hirsche werfen ihr Geweih, die Trophäe des Jägers schlechthin, ab. Wild und Waidmann kommen zur Ruhe.

Der Volksmund kennt aber auch noch einen weiteren Hintergrund für den Begriff. Dem Vollmond werden erotische Kräfte zugeschrieben. In dieser kurzen Phase, in der sich der Mond in all seiner Sinnlichkeit zeigt, spielen unsere Hormone verrückt. Draußen war es kalt, drinnen warm. Die Arbeit ruhte, Intimität bot sich geradezu an. Oftmals jedoch nicht zwischen den Eheleuten. Sprich: In solchen Vollmondnächten wurden uneheliche Kinder gezeugt. Hornung bezeichnet auch diese »zu kurz gekommenen Kinder«, die »im Winkel« gezeugt worden waren.

Apropos: Die warmen Stuben im Februar. Sie waren zumeist aus Zirbenholz. Dieses wurde ausschließlich zum richtigen Zeitpunkt geerntet, konnte über den Winter direkt an der Erntestelle trocknen und wurde im Februar ins Tal gebracht. Zirbe wurde deshalb verwendet, weil es ein Holz fürs Leben ist. Die darin enthaltenen ätherischen Öle wirken schädlings- und rauchabweisend. Außerdem, ein angenehmer Nebeneffekt, duftete die Zirbelstube heimelig.

Der richtige Zeitpunkt war jedoch bei allen Holzarten unumgänglich. Kiefernholz, das sich für den Möbelbau eignet, färbt sich zum falschen Zeitpunkt geerntet blau. Unter Berücksichtigung der Mondrhythmen lässt sich der Befall mit Bläuepilz vermeiden. Buche, das beste Brennholz, ist ein unruhiges Holz. Ernte und Verarbeitung nach den Mondregeln geben ihm erst seine Qualität als Heizmaterial. Holz ist also nicht gleich Holz. Nur der zur absoluten Saftruhe, also im Vollmond, geerntete Baum ist ein lebenslanger Begleiter. Das aus seinem Stamm gearbeitete Holz sorgt für Behaglichkeit und Lebensqualität.

Und zu guter Letzt beginnt im Februar auch das Arbeitsjahr der Bienen. Sie wachen aus dem Winterschlaf auf. Rupert, ein leidenschaftlicher Imker, hat für jedes seiner Enkerl eine »Bienenbeute« – einen Kasten, der Bienen zur Behausung dient – aufgestellt. Im Februar, bei exakt

12 Grad Celsius, fliegt ein Volk nach dem anderen zum Reinigungsflug aus diesem Kasten. Zum Entleeren der im Winterschlaf prall gewordenen Blasen. Warm eingepackt dürfen die Bienenvölker danach nochmals für bis zu sechs Wochen ruhen. In dieser Zeit bereitet Rupert die frischen Rahmen vor, in denen die Bienen ab Ende März ihrer Tätigkeit nachgehen können: dem Aufbau der Waben. In einem alten Land- und Hauswirtschaftsbuch aus dem 16. Jahrhundert, der *Georgia Curiosa,* schlage ich über die Heilwirkung des Honigs nach. Ich zitiere in der eigentümlichen Originalsprache: »Er heilt das Sausen der Ohren, vertreibt die Dunkelheit der Augen, das Halsweh, die Angina und des Zopfes Gebrechen, weiters lindert er den Husten, heilt die geschundene Haut und lindert die Geschwulst.« Auch die frühe Kosmetik setzte auf die Wirkung des gelben Goldes: »Honig, der Haut angestrichen, soll die Sprenkel und Sommerflecken des Gesichtes vertreiben.«

Johanna über ihren ersten Vortrag

»Mein erster Vortrag war gar nicht als mein Vortrag geplant. Ich bin ins Münchner Umfeld gezogen und – um mich in die Dorfgemeinschaft zu integrieren – dem örtlichen Frauenbund beigetreten. Da gab es immer wieder Impulsreferate zu Themen wie ›Wie ernähre ich mich im Alter …‹ Kein Wunder, dass da niemand gekommen ist. Wir sind damals alles junge Frauen gewesen! Also hab ich als Thema den Einfluss des Mondes auf unseren Alltag vorgeschlagen. Warum ist Fensterputzen bei Vollmond ungünstig, gelingt aber bei abnehmendem Mond im richtigen Sternzeichen wie von selbst? Das Thema ist einstimmig angenommen worden und ich hab mich auf die Suche nach einem Referenten gemacht. Ich hab in München gefühlt jede Buchhandlung nach Lektüre abgeklappert. Ein einziges Buch hab ich gefunden, in dem es inhaltlich in Richtung Mondwissen gegangen ist. Doch ich fand darin keinen einzigen Satz, der den Tatsachen entsprochen hätte. Also hab ich den Vorschlag bei unserem nächsten Treffen wieder zurückgenommen. Die Frauen haben daraufhin nur gemeint: »Mach ihn halt selbst!« Ich hab mich völlig überrumpelt gefühlt: Nie und nimmer hab ich mir vorstellen können, vor anderen zu stehen und zu sprechen. Ich wurde aber von der Gruppe derart bearbeitet, dass ich schließlich zugesagt hab. Dann bin ich da hin, das

Herz in der Hosentasche, noch nie in meinem Leben bin ich so nervös gewesen. Ich komm rein – der ganze Pfarrsaal voll. Ich hab gedacht, ich verzupf mich gleich wieder. Doch unsere Vorsitzende hat mir einen Tipp gegeben, an den ich mich bis heute halte: Ich solle einfach so tun, als ob ich nur mit ihr plaudern würde. Das hab ich dann getan. Hab mich auf sie konzentriert, hab erzählt, was mir der Großvater mitgegeben hat. Und hab den Abend überlebt. Am nächsten Tag war ich Dorfgespräch.«

MÄRZ

Der Lenzmond

Gott wolle uns vereinen,
hier spinn ich so allein,
der Mond scheint klar und rein,
ich sing und möchte weinen.

Clemens Brentano

Der Frühlingsbeginn wurde seit jeher bei seinem Nennnamen gerufen: Lenz. Der Bauer freute sich über die wiedererwachenden Lebensgeister in der Natur und pfiff fröhlich: »Leut'ln, der Lenz ist da!«

Alle Jahre wieder kehren wir das Unterste zuoberst. Vielleicht nicht mehr sprichwörtlich – wie noch an den alten Höfen üblich, wo jeder Topf im Frühjahr umgedreht wurde, die Wäsche ins Freie kam, die Innenräume neu gestrichen wurden –, aber im Kleinen. Johanna Reinisch, eine alte steirische Bäuerin, erinnert sich an diesen Großputz am Hof Mitte des vorigen Jahrhunderts: »Geschirr, Töpfe und Schneidebretter wurden mit Sand gescheuert, die Holzböden mit heißer Aschenlauge geschrubbt. Stroh- und Maislaschensäcke für die Betten bekamen eine neue Füllung, die Bettwäsche wurde gewaschen und die Stühle und Bänke blank gerieben.« In den 50er-Jahren hielt die Chemie in Gestalt der singenden Presto-Werbetante Einzug auf den Höfen: »Töpfe, Teller, Tassen, Schüssel, Essbesteck und Kasserolle, Eierbecher, Fleischmaschinen reinigt Presto wundervoll. Porzellan und Aluminium, alles blitzt und glänzt im Nu. Abwaschen wird zum Vergnügen, nimmst du Presto nur dazu.«

Im Frühjahr ist also der Fensterputz angesagt! Und eine Tiefenreinigung der Böden. Wobei ich unter Böden jene aus Vollholz verstehe. Bleiben wir gleich dabei.

Nehmen wir als Beispiel eine in der richtigen Mondphase geschlagene Landhausdiele. Diese ist unbehandelt. Chemie ist hier fehl am Platz. Das beste Reinigungsmittel ist die Holzaschenlauge. Wer sich einen Holzboden verlegt, der hat vermutlich auch einen Kamin. Wer keinen offenen Kamin hat, kann denselben Effekt genauso gut im Gartengrill erzeugen: Er verbrennt Buchenscheite und erntet deren Asche. Zwei Fingerbreit der gewonnenen Asche kommen in einen Eimer, der mit kochendem Wasser gefüllt wird. Beim Mischen verhält es sich wie beim Teeaufguss: Das Mengenverhältnis Wasser zu Asche entspricht jenem von Teewasser und Teeblättern. Nach dem Mischen kommt ein Deckel auf den Eimer. Der kochend heiße Inhalt sollte sich nun etwa eine Viertelstunde setzen. Tipp: Anfangs einmal kräftig umrühren! Die so entstandene Lauge vorsichtig in den Putzkübel umfüllen. Wobei der Aschenrückstand im Eimer zurückbleiben sollte: Er gehört auf den Kompost und nicht auf den Boden. Mit diesem Putzmittel auf Naturbasis kann nun geputzt, geschrubbt oder auch nur aufgewischt werden. Wichtig ist nur, den Putzvorgang anschließend mit klarem lauwarmem Wasser abzuschließen. Der Boden kann übrigens jederzeit gereinigt werden, damit müssen wir nicht bis zum Frühjahr warten. Die einzigen Sternzeichen, die nach Möglichkeit vermieden werden sollten, sind Krebs, Skorpion und Fisch. In diesen Zeiträumen, bei zunehmendem Mond, kann die Feuchtigkeit in die Ritzen dringen. Das Holz verzieht sich. Im schlimmsten Fall fault es von innen heraus.

Der Klassiker beim Frühjahrsputz ist aber das Fenster. Welche Hausfrau, die davon kein Lied zu singen weiß. Schlieren, die sich bilden, Streifen, die nach dem Putzen bleiben und sich hartnäckig halten. Johanna und Thomas haben in ihrem Mondlexikon ein paar praktische Tipps zur Hand. Am besten gelingt das Fensterputzen bei abnehmendem Mond an den Tagen von Zwillingen, Waage, Wassermann, Widder, Löwe und Schütze. Wer nicht auf die Sternzeichen achten kann: Bei abnehmendem Mond gelingt die Übung grundsätzlich. Da geht die Arbeit leicht von der Hand. Bei zunehmendem Mond oder gar bei Vollmond kann man sich noch so plagen – ein Regenguss und das Fenster ist dreckig wie zuvor. Von den viel beschworenen Streifen und Schlieren nicht zu reden.

Johanna gibt aus ihrer eigenen Erfahrung als Hausfrau noch einen ganz speziellen Rat: »Wer bei stark verschmutzten Fensterrahmen den abnehmenden Mond mit einem Wassertag kombiniert, erzielt das beste Ergebnis. Früher wurden die Fenster an solchen Tagen ausgehängt und von beiden Seiten mit dem Wasserschlauch abgespritzt. Ganz wichtig: anschließend wirklich gut trocken reiben.«

JOHANNAS MONDTIPP

Haushaltsarbeit in Harmonie mit dem Mondkalender geht leichter von der Hand, die Ergebnisse wirken langfristiger. Die Grundregel lautet: Alle größeren Reinigungsarbeiten sollte man auf den abnehmenden Mond legen. Wäsche zum Beispiel wird schneller sauber bei geringerem Waschmitteleinsatz.

Johanna über das Prinzip von »Leben und leben lassen«

»Ich hab von meiner Familie, meiner Mutter, vor allem aber von meinem Großvater eines mitbekommen: Es gibt kein Gut und es gibt kein Böse. Du kannst nicht sagen: Jetzt ist der passende Augenblick oder das ist das richtige Kraut. Sondern es kommt nur darauf an: Was will ich?

Ich hab viel mit Kindern gearbeitet. Wenn ich mich auf das Kind nicht einstelle, wenn ich nicht fühle, was das Kind braucht, kann ich studieren, was ich will, das Kind versteht mich nicht. Oder alte Menschen. Wenn es mir nicht gelingt, mich auf ihre Lebensrealität einzustellen, brauch ich den Mund gar nicht aufmachen und ihnen Ratschläge geben. Es bringt nix. Das ist so, als unterhiel-

ten wir beide uns, aber du redest Chinesisch und fragst mich nach einem Glas Wasser. Du kannst mir die Frage zehn Mal stellen, ja, hundert Mal, ich versteh dich nicht. Durch eine Geste kannst du mir bedeuten, du möchtest etwas zu trinken, aber was, das kann ich nicht deuten. So geht's mir oft bei Lehrern: Sie bringen ihr Zeug und wenn es das Kind nicht versteht, wiederholen sie es. Aber es erreicht das Kind nicht, weil es nicht um ein akustisches Nichtverstehen geht. Was sie sagen, lebt ganz einfach nicht. Wenn jemand keinen Zugang zu einem Thema hat, dann versuch ihn gar nicht, von diesem Thema zu überzeugen. In der Selbstversorgerlandwirtschaft ist nicht viel geredet worden. Der Mond war uns ein Lehrmeister. Ein Lehrmeister, über den eben nicht gesprochen worden ist. Ich bin in die Schule des Lebens gegangen. Der Mond hat mir Halt gegeben. Aber unausgesprochen. Ohne große Erklärung. Ich habe ihn als Naturphänomen in meinen Alltag integriert. Einfach weil er mir ganz persönlich als Orientierungshilfe gedient hat. Und das ist meiner Meinung nach auch das Geheimnis des Lebens: Lass jeden so sein, wie er ist. Diese Gelassenheit, das ist es, was ich von meiner Familie mitbekommen habe. Ich bin ja mit neun Geschwistern aufgewachsen: Wenn wir uns da gegenseitig unterjocht hätten, nicht auszudenken. Also, mein Motto: ›Leben und leben lassen.‹«

APRIL

Der Ostermond

Süßer Mond, mit deinen Strahlen
scheuchest du das nächtige Grauen;
es zerrinnen meine Qualen,
und die Augen übertauen.

Heinrich Heine

In den Frühling fiel der Ostermond. Frühlingsbeginn war noch im März, am 21. März genau genommen. Ostern ist ein bewegliches Fest. Es wird nach dem ersten Vollmond, der auf den Frühlingsbeginn folgt, berechnet. Das Rechenbeispiel klingt kompliziert, ist aber einfach. Der Frühlingsvollmond, wie er astrologisch korrekt heißt, fällt immer in die Karwoche. Wenn wir wissen, wann er im jeweiligen Jahr stattfindet, rechnen wir einfach vierzig Tage zurück – und beginnen im Idealfall unsere ganz persönliche Fastenzeit. Diese vom ersten Frühlingsvollmond ausgehende Berechnung geht auf Papst Gregor zurück, der im achten Jahrhundert gewirkt hat. In den Passionsgemälden vom Leiden Jesu stand bei der Ölberg-Szene immer der Vollmond im Mittelpunkt. Er sollte den Menschen als Symbol für die Auferstehung dienen. Daher bestimmte Papst Gregor den Vollmond aus der Ölberg-Szene als Zeitpunkt für die Berechnung der vierzigtägigen Fastenzeit – an deren Ende Ostern steht, das Hochfest im Gedenken an die Auferstehung Jesu Christi.

Rupert beschreibt die Zeit zwischen Ostervollmond in der Karwoche und dem 27 Tage später folgenden zweiten Vollmond im Frühling als einen Rausch der Sinne. Er gerät regelrecht ins Schwärmen: »Die Bodenwärme setzt ein. Es dampft. Du hörst die Singdrosseln zirpen, die Rotkehlchen zwitschern. Die Bienen werden aktiv.

Das Leben beginnt. Die Natur treibt aus. Gewaltig! Da entsteht eine ganz eigene Stimmung in der Natur: die Aufbruchsstimmung. Und hoch droben steht der Mond – er wirkt auf Mensch, Tier und auf die Natur.«

Johanna über die Heilige Dreifaltigkeit

»In einem Dorf in den 1950er-, 1960er-Jahren, da gab's noch die Heilige Dreifaltigkeit: der Herr Pfarrer, der Herr Bürgermeister, der Herr Schulmeister. Kirche, Gemeinde und Schule. Das war ein System, in dem gerade zur Zeit der Technisierung der Fortschrittsglaube vorherrschend gewesen ist. Geh mit der Zeit, sonst geht die Zeit mit dir. Die Heilige Dreifaltigkeit hat es vorgebetet: Der Traktor erleichtert die Arbeit, der Kunstdünger erhöht den Ernteertrag. Die Bauern haben das alles fleißig nachgebetet. Und dann sind da wir gewesen: Bergbauern mit steilen Hängen. Wir hätten einen Traktor gar nicht einsetzen können. Heuen war bei uns noch eine Gemeinschaftsarbeit, die wetterabhängig erledigt werden musste. Das Bauerngartl musste sich selbst erhalten: Wir haben also zur richtigen Zeit so ausgepflanzt, dass eine Pflanze die andere erhalten hat. Unkraut wurde nicht vernichtet, schließlich hat es den Boden vor dem Austrocknen

geschützt. Heute nennt man solche Anlagen ›faule Gärten‹. Damals war gleichsam die Selbstversorgung einer Anlage einfach notwendig, fehlte die im Garten verbrachte Zeit doch am Hof, im Stall, am Feld.

Wir galten im Ort als rückständig. In der Schule konnte man Kunstdünger bestellen. Und es hieß, nur arme Leute könnten sich diesen Dünger nicht leisten. Aber meine Mutter hat den Dünger nicht aus finanzieller Not abgelehnt, sondern aufgrund ihrer Überzeugung. Sie hat gesagt: Ich vergifte ja nicht meine eigenen Kinder. Trotzdem hab ich mich als Schulkind manchmal für ihre Einstellung geschämt. Das Wissen um den Einfluss des Mondes galt einfach als überholt. Die öffentliche Meinung wurde uns bestätigt von den Sommerfrischlern. Walchsee war bereits in meiner Kindheit ein Tourismusort. Da sind Holländer gekommen und Norddeutsche. Und die haben ganz, ganz anders gelebt als wir. Die haben den Salat im Geschäft gekauft, obwohl er doch auf der Wiese wächst. Die sind bei jedem Wehwehchen zum Arzt gelaufen, obwohl das doch mit Spitzwegerich oder Kiefernpech behandelt hätte werden können. Aber die haben das Geld gebracht, an denen hat man sich orientiert. Das ist der Zeitgeist gewesen. Und wir haben uns gegen diesen Zeitgeist gestellt in unserem, nach Meinung der Dorfobrigkeit, rückständigen Denken.«

MAI

Der Weidemond

Wer hat die schönsten Schäfchen?
Die hat der goldne Mond,
der hinter unsern Bäumen
am Himmel droben wohnt.

Hoffmann von Fallersleben

Der Weidemond bezeichnete den Zeitpunkt, an dem das Vieh vom Stall auf die Weide getrieben wurde. Es ging hinaus ins Freie, an die frische Luft. Saftiges Gras ersetzte das trockene Heu.

Hinaus ins Freie! Dorthin treibt es mich auch bei meinem Besuch bei Anneliese Hierzegger auf der Tauplitzalm. Ich kenne die Gegend in der Steiermark aus meiner Jugend. Eine satte Hügellandschaft, eingefasst von steil aufragenden Bergen ringsum. Ich sitze mit Anneliese vor der Hütte der Familie, direkt am Waldrand. Wir haben einen Gewaltmarsch steil bergab in eine Waldschlucht hinter uns: dorthin, wo die Kräuter wachsen, die Anneliese sammelt.

Das Wissen um die Mondrhythmen wird ja oft mit althergebrachtem Volksglauben in Verbindung gebracht, mit dem sogenannten Aberglauben. Als Argument für die Widersinnigkeit mancher Regeln müssen die Kräuter herhalten. Wie kann es sein, fragen die Skeptiker, dass an Tagen im Sternzeichen Skorpion gesammelte Kräuter hochwirksam sind, es aber eine Ausnahme von dieser Regel gäbe? Fällt der Skorpion-Tag nämlich auf einen Freitag oder einen Sonntag, so verfällt die Wirkung. Die Antwort ist einfach: Diese Regeln sind nicht verstandesmäßig zu erklären, sondern verstehen sich als Erfahrungswerte. Es ist, wie es ist. Man kann es glauben oder auch nicht. Kräuter heilen. Sie sind Kraftwerke, die ganz leicht in unseren

Alltag integriert werden können. Kräuter machen Freude, wenn sie einen, wie Anneliese und mich bei unserer Wanderung, die Natur ganz unmittelbar und pur erleben lassen. Wir müssen ihnen aber auch – wollen wir natürlich geheilt werden – mit der richtigen Einstellung begegnen. In der Küche verbessern sie nicht nur den Geschmack, sondern beugen gleichzeitig Wehwehchen und Krankheiten vor.

An Tagen, die im Zeichen der Jungfrau stehen, sammelt Anneliese ausschließlich Kräuter, die gegen Verdauungsbeschwerden helfen. Sie arbeitet als Versicherungsagentin, führt gemeinsam mit ihrem Mann eine kleine Pension – und widmet sich mit Passion der Kräuterheilkunde. Anneliese glaubt an die kosmische Wirkkraft des Mondes. Sie erzählt mir die Leidensgeschichte ihres Mannes, die sie nicht näher benannt wissen möchte. Es gehe hier ausschließlich um die praktische Wirkung von medizinisch nicht definierbarem Wissen. Ihr Mann erkrankt vor einigen Jahren. Es kann keine genaue Diagnose erstellt werden. Der Krankheitsverlauf kann nicht gestoppt werden. So geht das über ein Jahr lang. Er weigert sich, Medikamente einzunehmen, lässt sich von seiner Frau Umschläge machen und probiert es mit verschiedenen Kräutertees. Nichts wirkt. Im Garten ihres Hauses wächst während dieses Jahres ein Kräutlein heran, das der Samenflug ins Haus gebracht hat. Ein sogenannter Wildwuchs, dem Anneliese erst jetzt besondere Beachtung schenkt, kennt sie doch die Wirkung seit alters her genau. Schnell gräbt sie die Wurzeln der Pflanze aus. Sie weiß, das muss vor der Blüte geschehen, da dann die Heilkraft am größten ist. Sie macht eine Tinktur zum Einnehmen aus der Wurzel. Ihr Zugang ist ein unbefangener: Hilft's nix, so schadt's nix. Doch ihr Mann erholt sich. Langsam, aber stetig geht es wieder mit ihm bergauf. Schließlich: Er wird völlig gesund. Das so unverhofft ins Leben der beiden eingetretene Kraut wird zu genau der richtigen Medizin zum richtigen Zeitpunkt.

Ich höre bei dieser Geschichte, einer Art Wunderheiler-Erzählung, ganz genau zu. Gleichzeitig wird mir kalt und warm. Eine Gänsehaut läuft mir über den Rücken. Johanna und Thomas haben genau dieses Phänomen beschrieben. Wieder zu Hause blättere ich die besagte Stelle nach. Schwarz auf weiß steht geschrieben, was ich ohne die Erzählung von Anneliese vielleicht überlesen oder als Hokuspokus abgetan hätte: »Die Natur lässt in der Umgebung menschlicher Behausungen stets Heilkräuter wachsen. (…) Welche Kräuter das sind, richtet sich danach, welche Pflanzen die Bewohner zur Heilung bestehender Krankheiten brauchen.«

Kräutersammeln nach dem Mond

Der Mondstand im Tierkreis soll auch einen besonderen Einfluss auf die Heilkraft der Kräuter haben. Jedem Tierkreiszeichen wird eine Körperregion zugeordnet. Erntet man das Heilkraut zum richtigen Zeitpunkt, soll seine Wirkkraft stärker sein.

Beim Sammeln von Kräutern hat trockenes Wetter aber noch vor dem Mondstand oberste Priorität.

Tierkreiszeichen:	**Kräuter sammeln gegen:**
Widder	Kopfschmerzen, Augenleiden
Stier	Halsschmerzen, Ohrenleiden
Zwillinge	Verspannungen, Lungenleiden
Krebs	Bronchitis, Leber- und Gallenbeschwerden
Löwe	Herzbeschwerden
Jungfrau	Bauchspeicheldrüse, Verdauungsorgane
Waage	Hüftbeschwerden, Nierenleiden
Skorpion	Krankheiten der Geschlechtsorgane
Schütze und Wassermann	Venenleiden
Steinbock	Hautkrankheiten
Fische	Fußbeschwerden

JOHANNAS MONDTIPP

Wer einen Kräutergarten anlegt, holt sich nicht nur Geschmack und Aroma ins Haus, sondern auch seine eigene Privatapotheke fürs Vorbeugen und Heilen. Zum richtigen Zeitpunkt ernten, etwa im Tierkreiszeichen Skorpion, vervielfacht die Gesundheitswirkung der Helfer aus dem Pflanzenreich.

Johanna über Arbeiten nach dem Mondkalender

»Mein Vater ist in der Früh zur Arbeit gegangen und untertags haben meine Geschwister, meine Mutter und ich die anliegende Hofarbeit erledigt. Dafür haben wir den Mondkalender gehabt: einen in der Küche, einen im Stall. Da wurde, als Beispiel, im Winter das gesamte kommende Gartenjahr durchgeplant. Solange mein Großvater gelebt hat, hat der die notwendigen Arbeiten nach Gefühl erledigt. Im Winter hat's bei uns heroben oft zwei Meter Schnee gehabt. Diesen Schneemassen hat nur ein wirklich robuster Weidezaun standgehalten. Die Kuhweide hat gleich hinter dem Hof begonnen und ist steil den Berg rauf gegangen. Mit Frühjahrsbeginn hat das Vieh also nicht auf der Alm geweidet, sondern gleich hinter dem Haus. Umso

wichtiger war die Umzäunung. Damit nicht ständig der Zaun geflickt werden musste, haben wir Reparaturen im richtigen Zeichen gemacht. Im Rucksack hat der Großvater den Hammer gehabt und die Nägel, auch verbogene und rostige. Er hat nur handgeschmiedete Nägel verwendet. Denn die gekauften, die maschinell hergestellten, die haben einfach nix getaugt. Die sind aus billigem Material hergestellt gewesen. So einen Nagel konntest du nicht mehr zurechtbiegen. Wenn wir ihm eine Freude machen wollten, haben wir alte Nägel geradegebogen. Das kann ich heute noch.

Es wurde alles zu seiner Zeit erledigt. Zweimal im Jahr wurde der Stall geweißelt. Dafür gab's ebenfalls den richtigen Zeitpunkt: den abnehmenden Mond. Da hielt der Verputz einfach besser. Zuerst wurde das Mauerwerk gründlich mit Wasser abgespritzt, dann mit der Bürste geschrubbt. Am kommenden Tag wurde das Mauerwerk dann mit Kalk aus der eigenen Grube angeworfen. Das hat nicht nur gut gerochen: Kalk ist auch gut gegen Bakterien. Unsere Kühe waren so gut wie nie krank. Auf den anderen Höfen hat man sich diese arbeitsaufwendige Arbeit nicht mehr angetan. Da wurde alle paar Jahre mit Dispersionsfarbe ausgemalt und gut war's. Die Kühe auf den Höfen der Umgebung hatten viel häufiger Probleme. Es hat sich diese Ausrichtung auf den Mondstand einfach als sinnvoll erwiesen.«

JUNI

Der Brachmond

Schlaf, Kindlein, schlaf,
am Himmel ziehn die Schaf,
die Sternlein sind die Kämmerlein,
der Mond, das ist das Schäferlein,
schlaf, Kindlein, schlaf.

Achim von Arnim

Die Brache bezeichnete jenen Acker, den man zur Erholung ein Jahr brach liegen ließ. Hatte man im Vorjahr Getreide angebaut, ließ man das Feld im darauffolgenden Jahr ruhen. Man überließ es ganz bewusst der Natur. Und diese säte, was in der Luft herumschwirrte: die »Stiefmäderln«, sogenannte Flugsamen. Dort, wo im Vorjahr Korn gewachsen war, gedieh also nun der Wildwuchs. Die Brache wurde ohne Zutun des Menschen zum blühenden Feld.

Der Juni fällt in den Almsommer. Rupert erzählt in seinem lesenswerten Buch *Sagenhafte Kindheit* aus einer Zeit, als die Bauern in der Wildschönau noch die Milchkühe auf die Alm trieben, um dem kargen Boden sein Urbar abzuringen. Es ist eine Geschichte, in der eine schwarze Lacke, in der sich der Vollmond spiegelt, und ein gleichfalls schwarzer Stier die Hauptrolle spielen. Der wilde Stier richtete um Mitternacht fürchterliches Unheil unter dem Jungvieh an. Er drängte Kälber und Kühe ins Wasser, die nie wieder gesehen wurden. Anderes Fleckvieh marterte er zu Tode. Die Bauern waren verzweifelt. In ihrer Not legten sie ihre Notgroschen zusammen und erwarben um einen sehr hohen Kaufpreis den stämmigsten Tuxerstier. Ein Prachttier, das mit Weizenklee, Ziegenmilch und frischem Topfen aufgepäppelt wurde. Der Stier war so stark und unbändig, dass er mit Eisenketten im Stall gehalten werden musste. Beim sommerlichen Auftrieb zur Alm wurden ihm die Augen mit einem Rupfensack verbunden. Seine Bewegungsfreiheit wurde mit Hanfseilen an den Vorderbeinen eingeschränkt. Der Stier scharrte vor der Lacke mit den Hufen, als wollte er den Kampf gleich mit seinem eigenen Spiegelbild aufnehmen. Als der Vollmond aufzog und schließlich die Lacke milchig-weiß erhellte, tauchte der wilde Stier wie aus dem Nichts auf. Die beiden Stiere stürzten sich aufeinander, die Hörner krachten, dass es in der Ferne noch widerhallte. Zwei Kraftbündel, im Mondlicht ineinander verkeilt. Es war ein furchterregendes Hin und Her, ein Krachen und Schnauben, ein unbeschreibliches Brüllen – unter das sich schließlich heisere Laute mischten. Der Mond zog seine Bahn, da zerriss ein Klatschen am Wasser die Stille. Der wilde Stier war besiegt. Schweißgebadet torkelte der siegreiche, der Tuxerstier, in den die Bauern ihre Zukunft gesetzt hatten, ans Ufer. Lammfromm ließ er sich nieder. Das Duell im Vollmondlicht hatte sein gutes Ende gefunden. Der Spuk war vorbei. Der wilde Stier hatte sein Leben verloren – und die Wildschönau eine Sage gewonnen.

Das Vieh und der Mond. Gerade beim Almauftrieb ist der richtige Zeitpunkt für das Verhalten der Tiere im Laufe des

Sommers entscheidend. An Dienstagen oder Donnerstagen wird das Vieh weder auf die Alm noch von der Alm getrieben. Beim Austrieb auf die Weide ist der erste Tag entscheidend für das soziale Verhalten der Tiere. Es muss immer bei absteigendem Mond vonstattengehen. Dann grasen die Tiere gerne und drängen nicht heimwärts. Hier spielten auch wieder die Sternzeichen eine Rolle. An Löwetagen sind die Tiere aggressiv und schwer zu bändigen. An Krebstagen hält sie nichts auf der Alm. Im Gegenteil: Es zieht sie hinunter ins Tal, zur Stalltür hin. Dieses auf praktischen Erfahrungen basierende und von Generation zu Generation überlieferte Wissen hat dazu geführt, dass in Sagen, die sich die Bauern an den arbeitsfreien Winterabenden erzählten, der Mond in Zusammenspiel mit dem Fleckvieh immer wieder eine Rolle spielte.

Johanna und Thomas über den Kompost

»Guter ausgereifter Kompost zählt zum Besten, was der Garten hergibt. Es ist recycling á la nature. *Vielleicht haben wir dieses Modewort erfunden, weil uns ein schlechtes Gewissen zwingt, zu vergessen, dass ›Zurück in den Kreislauf der Natur führen‹ und ›Wiederverwenden‹ nichts Neues ist, sondern Ausdruck einer Notwendig-*

keit. Kompost ist nichts anderes als Recycling. Der richtige Platz für einen Komposthaufen liegt windgeschützt im Halbschatten. Der richtige Zeitpunkt zum Aufbau des Haufens ist der abnehmende Mond. Festgestampft werden sollte er allerdings erst bei zunehmendem Mond. Dann folgt die Verrottung wesentlich schneller.«

JOHANNAS KOMPOSTTIPP

Kompostkästen sollten unbedingt nach unten offen sein, sonst können die Regenwürmer und Kleinlebewesen ihre Arbeit nicht tun und es kommt zu übel riechenden Gärprozessen. Was nicht in den Kompost darf, wenn man sich die beste Erde wünscht: Speisereste von Gekochtem – mit Kartoffelschalen als einziger Ausnahme –, exotische Fruchtabfälle wie Zitrus, Banane, Kiwi etc., Kohlstrunke, Katzenstreu, Disteln und »kompostierbare» bzw. »zersetzbare« Kunststoff- und Papiersäcke.

JULI

Der Heumond

Wann der Hahn kräht auf dem Dache,
putzt der Mond die Lampe aus,
und die Stern zieh'n von der Wache,
Gott behüte Land und Haus.

Joseph von Eichendorff

Der Juli war gerade in höher gelegenen Gegenden die einzige wettersichere Periode. In die zweite Monatshälfte fielen relativ verlässlich die Hundstage. Die schwüle Luft, die sich oft in örtlichen Unwettern entlud, ging über in Trockenheit. Die bei den Bergbauern mühsame Handarbeit des Heuens stand an. Überall duftete es allerdings auch nach frisch geschnittenem Gras, nach Feld- und Wiesenblumen. In meiner Kindheit gab es neben diesen Feld- und Wiesenblumen auch den hässlichen Verwandten, den keiner wollte: die Brennnessel. Sie brannte, wenn wir an ihr rieben, sie wucherte wild aus, ja, wir hatten das Gefühl, sie stinke buchstäblich zum Himmel. Die Brennnessel weist gleichermaßen auf nahrhaften Boden wie auch auf Mangel bei seiner Pflege hin. Dabei bietet sie den Pflanzen, zur Jauche verarbeitet, vor allem Schutz. Rupert beschreibt in *Umgang mit den Zeichen der Natur* die Herstellung dieses natürlichen Pflanzenschutzmittels: »Einen Brennnesselauszug machen wir an einem Fruchttag. An diesem Tag zeigt der Mond Kräfte an, die bei Pflanzen besonders auf die Frucht wirken. Wir unterscheiden zwischen Fruchttagen im zunehmenden Mond, die ideal zum Säen, Setzen und Pflanzen von oberirdischen Gewächsen sind. Und jenen im abnehmenden Mond, an denen unterirdische Feldfrüchte gedeihen. In der Landwirtschaft mengt man auf hundert Liter Wasser etwa zehn

Liter Brennnesselkraut, im Hausgarten genügt ein Zehntel der Menge. Das Kraut wird grob zerkleinert, damit es sich besser umrühren lässt, und kommt in einen Holzbottich. Dann wird das Wasser kalt, höchstens handwarm zugegossen. Wir rühren ein halbes Kilo Urgesteinsmehl (im Garten 100 Gramm) dazu. Gleich zu Anfang und auch zwischendurch wird kräftig umgerührt. Die Mischung ist nach 24 Stunden gebrauchsfertig.« Die intensivere Jauche folgt derselben Herstellung, doch wird der Ansatz, bei kühler Witterung, mindestens eine Woche stehen gelassen, bevor er am Feld oder im Garten ausgebracht wird.

Johanna über das Zusammenspiel von Mond und Wetter

»Beim Heuen hat natürlich das Wetter eine Rolle gespielt. Mähen musstest du bei anhaltend trockenem Wetter. Handarbeit dauerte darüber hinaus Tage, ja Wochen. Da halfen alle mit, auch die Nachbarn. Mein Vater hat allerdings darauf geachtet, dass die sogenannten ›Heumandln‹, der Heustock, bei abnehmendem Mond aufgebaut worden sind. Da bleibt die Mahd auch bei der anschließenden Lagerung im Stadel luftig und trocken. Es war eine Milchmädchenrechnung: Gesundes Futter im Stall bringt das Vieh gesund über den Winter. Es gibt gesunde Milch.

Außerdem fault das Heu nicht und die Gefahr eines Heubrands, also der Selbstentzündung des Futters, ist gering. Aber wie gesagt, das Wetter hat uns immer wieder einen Strich durch die Rechnung gemacht. Wenn sich also eine Regenperiode, nicht nur ein Gewitter, angekündigt hat, wurde das Heu vor der Zeit eingebracht. Denn was nützt dir ein zum richtigen Zeitpunkt gehäufeltes Heu, wenn es kaputt ist. Sobald sich das Wetter aber gewendet hat, haben wir das Heu wieder nach draußen gebracht und den richtigen Zeitpunkt zur Heueinfuhr abgewartet. Das war einfach Lernen aus Erfahrung im Verband mit natürlichem Hausverstand.«

JOHANNAS MONDTIPP

Aus Zuschriften wissen wir, dass viele Landwirte den Schritt in den Biolandbau auch deshalb gewagt haben, weil sie den Mondkalender als große Hilfe erlebt haben. Wichtigste Regel, die sie zu beachten gelernt haben: Düngen nur bei abnehmendem Mond! Und dass der Zwischendurch-Anbau von Kartoffeln bei abnehmendem Mond die beste Erde ergibt, war ein Zusatzbonus.

AUGUST

Der Erntemond

Wie bin ich solchen Friedens
seit Langem nicht gewohnt!
Sei du in meinem Leben
der liebevolle Mond!

Theodor Storm

Jenes Getreidefeld, das in der ersten Jahreshälfte frisch bestellt worden war, wurde nun bearbeitet. Das Korn wurde geschnitten. Dieser Monat galt als der Knackpunkt des gesamten Bauernjahres. Er war entscheidend für das Überleben der Familie am Hof. Ein Getreidefeld, das vom Hagel verwüstet worden war … Zu früh eingelagerte Ähren, die noch nicht ausgereift waren … Rupert beschreibt solche Missernten drastisch: »Das war ein einziges Elend, denn dann hat die Mutter kein richtiges Brot backen können.« Brot wurde auf sechs Wochen Vorrat gebacken. Ging der Teig nicht auf, wurden die Brotlaibe grau bis gelblich, waren also ungenießbar. In Zeiten, in denen Brot das Grundnahrungsmittel schlechthin war, eine Katastrophe. Es galt also immer auch, das Wechselspiel zwischen Wetter und Mond zu beachten und die praktische Handhabe jeden Tag aufs Neue zu hinterfragen.

Im heimischen Garten sind wir weniger wetterabhängig als in der Landwirtschaft. Hier können wir uns voll und ganz am Mondstand orientieren. Die Faustregel, ernten nur bei aufsteigendem Mond, ist leicht erklärt. In dieser Phase wandern die Säfte nach oben und fördern die Blatt-, Blüte und Fruchtbildung. Obst und Gemüse sind jetzt erntereif. Oder, mit Blick gen Himmel: Der Mond zeigt sich als Schüssel – die gefüllt werden will.

Johanna und Thomas über Regeln als Krücke

»Regeln sind wichtig, aber nicht, um aus Jux und Tollerei gebrochen, sondern um hinterfragt zu werden. Uns sind jene Leser und Leserinnen am liebsten, die skeptisch sind. Jeder Mensch muss seinen ganz eigenen, individuellen Zugang zum Thema finden. Oder vom Thema ablassen, wenn er diesen Zugang nicht gefunden hat. Alle Regeln beziehen ihre Gültigkeit aus der Intuition und Wahrnehmung, nicht aus Willkür, Theorie oder Glauben. Dieses Wissen wäre nicht erhalten geblieben, wenn jede Generation einfach nur die Regeln befolgt hätte, ohne ihren Sinn zu begreifen.

Eine Krücke, etwa das Einprägen von Regeln, erfüllt nur einen Zweck: sich auf sie zu stützen, solange es nötig ist, und sie wegzuwerfen, wenn man sie nicht mehr braucht. Erst wenn Regeln in Fleisch und Blut übergehen, haben sie Bestand. Der tägliche Umgang, das Ausprobieren dieser Regeln im Alltag, schärft unsere Aufmerksamkeit gegenüber den Dingen, die uns umgeben, und lässt uns Zusammenhänge für unser Leben erkennen, die über das Regelwerk hinausführen. Der Mondstand ist ein Uhrzeiger – das Gefühl, was er anzeigt, tragen wir in uns.«

JOHANNAS MONDTIPP

Auf sanfte und natürliche Weise abnehmen, das geht ganz wunderbar mit der »Mondkur«. Die Regel lautet: Bei abnehmendem Mond normal essen, bei zunehmendem Mond etwas weniger als gewohnt und nach 19 Uhr nichts mehr. Und dann jeweils bei Neumond und Vollmond einen Obst- oder Safttag (mit Bio-Obst!) oder besser noch einen Fastentag einlegen. Der Erfolg wird nach einigen Monaten sichtbar – und fühlbar!

SEPTEMBER

Der Herbstmond

Das Mondschaf rupft sich einen Halm
und geht dann heim auf seine Alm.

Christian Morgenstern

Im September war der große Almabtrieb. Die Almhüter trachteten danach, dass dieser in die Phase des zunehmenden Mondes fiel. Aus einem ganz einfachen Grund, der in der intensiven Beziehung zwischen Mensch und Tier wurzelt. Die Bauern wussten: Der Mond wirkte auf ihr Vieh genauso wie auf sie selbst. Der Impuls, der zu diesem Zeitpunkt vorherrscht, baut den Körper auf. Er kräftigte das Vieh. Solcherart mit guter Energie aufgeladen, fiel es den Tieren nicht schwer, sich mit den fremd gewordenen Weiden im Tal wieder anzufreunden.

Wenn es während des Almsommers keine Krankheit oder gar Todesfälle bei Mensch und Tier gegeben hatte, kehrten die Tiere reich geschmückt auf den Hof zurück. Das Gebimmel der Glocken war im ganzen Tal zu hören. Der Wechsel von Alm zu Stall folgt einem natürlichen Rhythmus, ähnlich jenem unseres Biorhythmus. Lange Zeit hat die Heilkunst diesen vernachlässigt, ja nachgerade ausgespart. Dabei ist das Zusammenspiel von Körper, Geist und Seele von Geburt an ein wichtiger Teil unseres Selbst. Gerade im Umgang mit Kindern können wir uns in Verständnis üben, wenn wir auf ihren Biorhythmus eingehen. Die drei Rhythmen beeinflussen uns, sie stärken und schwächen sich gegenseitig. Körperlich sind wir in der Hochphase vital, sollten allerdings während der ausklingenden Tiefphase ruhen, um wieder neue Kräfte zu sammeln. Geistige Arbeiten gehen uns in der Hochphase leicht von der Hand, in der Tiefphase werden wir geistig oftmals regelrecht gelähmt. Wann diese Phasen sind, erkennen wir, wenn wir in uns hineinhorchen. Niemand kennt uns besser als wir selbst. Der seelische Biorhythmus ist jener mit der größten Auswirkung auf unser Wohlbefinden. Niemand weiß das besser als Menschen, die in ein seelisches Loch fallen. Wenn die Psyche verschattet, kann es zu einer ernsthaften, oft langjährigen, manchmal lebenslangen Krankheit kommen.

Der Volksmund verortet exzessiven Übermut gerne in Vollmondnächten. Der gesamte Biorhythmus, der geistige, körperliche, nicht zuletzt der seelische, spielt verrückt. In solchen Extremen erkennen wir, wie wichtig ein guter Ausgleich für uns Menschen ist. Die Natur schafft diesen Ausgleich. Der Austausch mit unserer Umwelt, den Menschen, die uns umgeben, festigt uns.

Johanna und Thomas über Gesundheit

»Bei den Zähnen fängt es an. Ein gesundes Zahnfleisch ist Gradmesser für unsere Gesundheit. Wir wollen nicht in der Theorie verbleiben, sondern unser Wissen auch ganz praktisch in den Alltag integrieren. Ein gelungenes

Beispiel für diese Integration ist die Zahnpasta. Früher hat man die selbst hergestellt: aus Buchenholzasche. Also einer kohlrabenschwarzen Paste. Nun erklärt uns aber die Werbung, Zähne haben weiß zu strahlen, weswegen die Paste immer weiß zu sein hat. Das Problem beginnt also mit einer reinen Äußerlichkeit. Das konnten wir schnell entkräften: Schwarz ist ja nur die Asche. Die Zähne bleiben weiß. Wir sind also zu einem Produzenten gegangen und haben gesagt: Da gibt's eine Zahnpasta nach uraltem Rezept, bei der du dir die Zähne nicht künstlich ruinierst. Der Produzent war skeptisch, hat sich allerdings, da wir die Versuchsreihe vorfinanziert haben, auf das Experiment eingelassen. Vor der Zulassung wird jedes Produkt im Labor getestet. Es durchläuft im Zeitraffer einen sogenannten Haltbarkeitsprozess, bei dem das Ablaufdatum überprüft wird. Er hat sich gedacht: Ich geb's ins Labor, am nächsten Tag ist die Asche kaputt. Doch anderntags war sie noch intakt. Und am kommenden Tag und auch noch nach einer Woche. Schließlich war die Zahnpasta noch nach einem Monat in Ordnung, was einer lebenslangen Haltbarkeit entspricht. Und das ohne Zusatz von künstlichen Haltbarmachern. Nach diesem Versuch, an den er selbst nicht so recht glauben konnte, hat er unser Produkt in den Vertrieb genommen. Er hat das Ergebnis wider besseres Wissen akzeptiert. Heute ist schwarze Zahnpaste zu so etwas wie einer Modeerscheinung geworden. Viele nachhaltig tätige Firmen werfen sie auf den Markt. Das Naturprodukt wird aber zumeist aus Kohle hergestellt, hilft also nicht wirklich. Für die, die unser Gütesiegel trägt, liefern Bäuerinnen die Buchenholzasche von Holz, das im richtigen Mondzeichen geerntet worden ist. Die Zahnpaste verkauft sich nicht nur blendend – sie wirkt auch aufs Zahnfleisch, tut also unserer Gesundheit gut.«

JOHANNAS MONDTIPP

Sogar der Gang zum Zahnarzt kann weitgehend seinen Schrecken verlieren, wenn man Termine auf den richtigen Zeitpunkt legt: Immer bei abnehmendem Mond und dabei den Tierkreiszeichen Widder und Stier aus dem Weg gehen. Auch die Zahnhygiene hält viel länger vor, wenn bei abnehmendem Mond im Tierkreiszeichen Steinbock vorgenommen!

OKTOBER

Der Weinmond

Geige tönt und Flöte
bei der Abendröte
und im Mondenglanz
junge Winzerinnen
winken und beginnen
heim'schen Ringeltanz.

Johann Gaudenz von Salis-Seewis

Im Oktober entfaltet der Mond die stärkste Kraft. Der Vollmond in diesem Herbstmonat hat etwas Unheimliches. Rupert schildert es: »Dieser Wechsel zwischen Tag und Nacht – da wirkt der Mond am intensivsten. Ich steh hoch droben am Berg, dort, wo bereits die Latschen wachsen. Ganz still bin ich. Die Nacht ist mondhell. Und auf einmal, bei den Hirschlacken, geht es los: die Brunft der Hirsche. Das ist eine Stimmung in der Natur. Einmalig, ein Traum, das kannst du gar nicht beschreiben, so was musst du einfach erleben: dieses Brunftgeheul in der Vollmondnacht.«

Ein Rausch. Guter Wein schafft es, mich manchmal in diese entrückte Stimmung zu bringen. Ich lebe in einem Weinort, in Purbach. Die Vorzeige-Weinbäuerin vor Ort ist Birgit Braunstein. Sie legt Wert auf diese Bezeichnung: Bäuerin. Das Arbeiten in und mit der Natur ist auf ihrem Hof kein Lippenbekenntnis. Das Zusammenwirken vieler helfender Hände für sie selbstverständlich. Sie betreibt ihre Landwirtschaft biodynamisch. Sonne, Mond und Sterne fließen in die täglichen Arbeitsabläufe ein. Rotwein wird bei ihr in der Amphore ausgebaut. Die Trauben werden samt Haut und Stängel in Amphoren, die in der Erde vergraben sind, vergoren: nicht filtriert und ohne Zusatz von Schwefel. Sie lässt sich kein X für ein U vormachen – und lebt den Weinbau in seiner Gesamtheit. Boden, Mensch und Tier. Sie sind ein Triangel, den sie zum Klingen bringt.

Beim Arbeiten im Rhythmus mit dem Mond gilt es, einige Regeln zu beachten. Immer in Abstimmung mit den Witterungsverhältnissen. Weinstöcke pflanzt Birgit bei zunehmendem oder absteigendem Mond an Fruchttagen aus. Bei abnehmendem Mond an Fruchttagen schneidet die Familie – ihre Eltern, die beiden Söhne und die Weinbäuerin – die Reben. Beim Bewässern wird darauf geachtet, nicht an Blütetagen in den Weingarten zu gehen. Zu groß ist im Zeichen von Zwilling, Wassermann und Waage die Gefahr von Ungezieferbefall. Die Schädlingsbekämpfung erfolgt bei abnehmendem Mond. Da wird auch gedüngt, vorzugsweise an Fruchttagen, an denen der Boden aufnahmebereit ist. Bei idealen Wetterbedingungen trachtet sie danach, die Trauben bei aufsteigendem Mond zu ernten.

Jahr für Jahr beginnt der goldene Herbst früher. Die Erntezeit verschiebt sich vom Altweiber- in den Spätsommer. Eine Handvoll Erntehelfer hat in den vergangenen sechs Wochen das Traubenmaterial eingeholt, wenn sich im Oktober im Keller die Handschrift von Birgit zeigt. Bei zunehmendem Mond wird der Wein eingekeltert, weil dann die Gärung schneller verläuft. Sie schmeckt, was im

Keller an Kraft aus der Traube geholt werden kann. Trauben täuschen nicht. Sie sind, was sie sind. Ihr Geschmack, im Weingarten immer wieder überprüft, verrät, was bei Vollmond auf Flasche gezogen werden kann. Unmittelbar nach der Ernte lässt sie die Trauben spontan vergären. Das tägliche Riechen, Schmecken und Verkosten des Mostes. Die schonende Verarbeitung der Maische. Sie sind notwendig, um eine ideale Vorarbeit für die Weinpresse zu leisten. Was übers Jahr langsam zur Reife gelangt, im Keller verändert es sich von Tag zu Tag. Birgit lässt mich ihren Rotwein verkosten. Sie erklärt mir die Philosophie dahinter. Bereits im Frühjahr, nach dem Frost, begänne die Bodenarbeit. Die Rebzeilen würden mit Wildgräsern, Wicke, Klee und Kresse begrünt. Die Blütenpracht schaffe Lebensraum für Insekten, das Wurzelwerk ermögliche neues Leben unter der Erde. Um dem Boden Nahrung zuzuführen, werde Kompost ausgetragen. Ein Kreislauf der Natur. Der Mist stamme von ihren Hühnern und Ziegen, die sie am Hof hält, und vom Mist der Schafe, die auf einer Weide zwischen ihren Weingärten grasen. Sie produzieren die Nahrung für die Rebe.

Thomas über den Vollmond

»Vollmond bezeichnet den Wechsel von abnehmendem und zunehmendem Mond. Er steht dann hinter der Erde: Sonne, Mond und Erde bilden eine Linie. In den wenigen Stunden, in denen der Mond vollflächig beschienen wird, herrschen fraglos enorme Kräfte auf Mensch, Tier und die Natur. Wunden bluten heftiger als sonst. Heilkräuter entfalten ihre volle Wirkung. Es kommt zu einem Geburtenanstieg. Und, ja, wir Menschen spielen manchmal verrückt.

Bis zu dem Zeitpunkt, an dem ich Johanna kennengelernt habe, war mein Zugang zum Mondwissen beschränkt auf eine unangenehme persönliche Erfahrung. Ich bin in meiner Jugend Schlafwandler gewesen. Ein Erlebnis in solch einer Vollmondnacht hätte durchaus ins Auge gehen können. Als ich am frühen Morgen, verkatert wie nach einem Rausch, aufgewacht bin, knotz ich im Pyjama am offenen Fenster im dritten Stock. Unter mir die gähnende Leere eines Lichthofes. ›Mondsüchtigen‹ geht es scheinbar wie Betrunkenen: In solchen Nächten schützen wir uns vor uns selbst. Gruselig ist die Erinnerung an mein Vollmonderlebnis trotzdem. Und wie vieles im Bereich des alten Wissens um den Mond mit den Mitteln der Wissenschaft nicht erklärbar.«

JOHANNAS MONDTIPP

Sogar die hohe Kunst des Weinbaus kann von der Arbeit zum richtigen Zeitpunkt profitieren. Die wichtigsten Regeln:

- **Pflanzen und Setzen von Weinstöcken: Bei zunehmendem Mond an Widder, Löwe oder Schütze.**
- **Rebenschnitt: Bei abnehmendem Mond an Fruchttagen.
Ausnahme: Junge Weinreben während der ersten zwei Jahre bei zunehmendem Mond an Fruchttagen, sonst kann sich »schwarzer Saft« bilden.**
- **Einkeltern: Bei zunehmendem Mond verläuft die Gärung schneller.**
- **Abziehen: Bei abnehmendem Mond abgezogen, bleibt der Wein länger haltbar. Niemals an Jungfrau ernten, zerstoßen, ansetzen oder abfüllen.**

NOVEMBER

Der Nebelmond

Ich trete in die Türe ein,
der Mond war vor mir dort.
Ach, Mond, du sollst nicht bei mir sein!
Er schweigt und geht nicht fort.

Günter Eich

In diesem Monat ist es feucht, nass, kalt. Mit einem Wort: Nach draußen zu gehen, ist ungut. Doch ist die Nebelstimmung, die den Mond unter dichtem Grau verschleiert, ebenfalls einer ganz eigenen Stimmung geschuldet. Einer Düsternis, die etwas Mystisches an sich hat.

Das Piesting- und das Triestingtal ist eine Waldgegend in Niederösterreich, die bis in die 1960er-Jahre hinein für ihre Harzindustrie bekannt gewesen ist. Die Pecherei, wie das alte Handwerk heißt, war Lebensgrundlage vieler Familien. Harz als Wundverschluss. Das ist altes Medizinwissen. Bereits Hippokrates wusste um die Wirkkraft der Wälder, speziell des Kiefernwaldes. Er schickte lungenkranke Patienten in den Wald. Wer Pech hat, hat Glück, heißt es. Und wenn einer seine eigene Lebensgeschichte mit diesem alten Sinnspruch überschreiben darf, dann ist das Robert Rendl, Jahrgang 1972, Österreichs letzter hauptberuflich tätiger Pecher.

Er holt mich von der winzigen Bedarfshaltestelle von Miesenbach ab. Vom Knotenpunkt Wiener Neustadt aus hab ich mich, durch Schluchten und entlang von Bächen, nach Waidmannsfeld vorgearbeitet: eine entrische Strecke. Im Wörterbuch der hochdeutschen Sprache würde man die Gegend als wildromantisch beschreiben. Eine unzulängliche Beschreibung dessen, was sich vor mir auftut. Die Werkstatt von Robert liegt gottverlassen gleich neben seinem Wohnhaus. Hinter der Werkstatt grasen im Frühjahr seine eigenen Schafe. Oberhalb der Schafweide ist ein Stück Wald, in das er Besucher führt, um ihnen das Handwerk der Harzgewinnung am lebenden Objekt vorzuführen. Sein eigentlicher Ernteplatz liegt gut versteckt. Ein paar Hektar Wald, die er gepachtet hat. Der Standort jedoch ist streng geheim. Selbst Wildromantik schützt nicht vor den niederen Instinkten unserer ach so zivilisierten Menschheit.

Robert ist ein offener Mensch. Wir verstehen uns vom ersten Moment an. Vielleicht liegt es an unserem gemeinsamen Jahrgang. Wohl eher aber an unserer gemeinsamen Leidensgeschichte. Bei mir hat vor gut zehn Jahren ein Umdenken in meinem Leben stattgefunden: Was will ich noch? Ihn hat rund um den vierzigsten Geburtstag das Leben in die Knie gezwungen. Eine Krankheit mit dem fachlichen Anglizismus Burn-out hat ihm die eigenen Grenzen aufgezeigt: »Ich war erfolgreich, hab ein dickes Auto gehabt, war ständig auf Achse – und hab mich selbst nicht mehr gespürt.« Er vergleicht die Gefühlskälte beim Eintreten in seine Werkstatt mit der Ofenwärme: »Heute in der Früh, als ich den Holzofen eingeheizt hab, hat's fünf Grad gehabt. Jetzt hock ma bei angenehmen zwanzig Grad Zimmertemperatur zusammen.« Aber die eigene Gefühllosigkeit sei nicht das Schlimmste gewesen:

»Ich hab kein Empfinden mehr für meine Frau gehabt, hab meine zwei Kinder nicht mehr gespürt. Das war grauslich, wirklich grauslich.« Er steigt aus dem Berufsleben als erfolgreicher Außendienstmitarbeiter eines großen Unternehmens aus. Plötzlich ist er, der Tag und Nacht gearbeitet hat, arbeitslos. Und weiß mit seiner Zeit nichts anzufangen. Das erste Jahr nimmt er Bildungskarenz: Er studiert Geomantie. Theoretisch deutet er die Natur, die er doch praktisch vor der Nase hat. Seine Frau weist ihn auf das Naheliegende hin: den gegenüber des Hauses beginnenden Wald. Den kennt er von seiner frühesten Kindheit an. Dort hat er »Räuber und Indianer« gespielt. Dort hat er Baumhütten gebaut. Er hat ihn seither vor Augen gehabt, hat ihn aber vor lauter Bäumen nicht mehr gesehen. Da sagt seine Frau: »Geh in den Wald.« Der schlichte Satz ändert sein Leben: »Ich bin da rein, hab geheult, hab geschrien; ich hab mit den Waldgeistern geredet, mit den Bäumen. Und hab bei einem dieser Streifzüge einen alten Bekannten wiedergetroffen, einen Pecher.« Er begleitet ihn gut zwei Jahre in den Wald. Ohne emotionale Bindung zu seinem Gegenüber. Es sei ihm einfach um die Arbeit mit dem Harz gegangen. Schritt für Schritt – vor allem über den Geruch des Harzes – bekommt er eine Bindung zum Wald. Das Riechen geht über in ein Beobachten der Natur, ein Hineinhorchen in die Natur. Schließlich vertieft er seine Beschäftigung mit dem alten Handwerk. Er sucht die noch lebenden Pecher auf. Männer, die neunzig, hundert Jahre am Buckel haben. Von seinem Bekannten, »einem klassen Burschen, den ich nach und nach erst als Mensch wahrgenommen hab«, lernt er. Das Gefühl kommt langsam, aber stetig zurück. Er findet sich in seiner Familie wieder, findet einen Zugang zu seinen Kindern, findet ins Leben zurück. Und lässt sein altes Leben endgültig hinter sich: Geld sei nicht alles. Es könne niemals aufgewogen werden gegen den Gehalt, den Zeit in sich berge. Er stellt ein kleines Glas mit Schraubverschluss auf den Tisch. Da sei eine Pechsalbe aus Kiefernharz drin. Eineinhalb Jahre habe er allein an dem Rezept getüftelt. Da stecke nicht nur sein Wissen darin, da sei sein Herz eingeschrieben. »Für mich ist das Balsam für die Seele. Wenn du Pech hast, hast du Glück.«

Das Holz im Ofen knistert. Die Wärme ist eine angenehme, eine, die beruhigende Wirkung auf mich ausübt. Wir verständigen uns darüber, dass es im Leben Dinge gäbe, die nicht erklärbar seien. Dinge, die man auch nicht erklären solle, allein um ihre Wirkkraft nicht zu zerstören. Wenn er eines in der Wirtschaft gelernt habe, dann das System der Kreislaufwirtschaft. Der Unterschied zu früher: Er laufe nicht mehr im Hamsterrad, sondern habe das Rad selbst in der Hand. Wir kommen auf den eigentlichen

Grund meines Besuches zu sprechen: sein bei Vollmond geerntetes Räucherharz. Der Mond als Planet spiele in seinem Leben eine wesentliche Rolle. Er könne aber unter dem Jahr bei der Harzernte nicht immer auf die Mondrhythmen achten. Dafür sei er einfach zu abhängig vom Wetter.

Das sogenannte »Scherpech«, das Grundmaterial zum Räuchern, sei allerdings die letzte Arbeit der Saison. Bis zum ersten Frost werde das flüssige Harz gepecht, mit Frostbeginn das erstarrte Pech geschert. Hier könne er sich Zeit lassen – weshalb er dieser Tätigkeit ausschließlich bei Vollmond, jener Phase also, in der im Baumstamm die Saftstarre herrscht, nachgehe. Harz ist ein flüssiges Material, das durch Baumschnitt gewonnen wird. Bei Frost erstarrt es, wird pickelhart. Dieses Harz – oder wie es eigentlich heißt: Pech – wird mit einem Eisen, dem »Krükl«, in eine Lederschürze, die der Pecher mit zwei Pflöcken im Stamm verankert, geleitet. Eine staubige Angelegenheit. Robert zeigt mir das zum Teil bis zu hundert Jahre alte Werkzeug, das über dem Ofen hängt. Die »Scherpechfiata«, die speckige Lederschürze, trägt die Spuren jahrzehntelangen Gebrauchs. Scherpech habe viel Holzanteil, konnte also nie als Wundheilmittel verarbeitet werden. Als Material zum Räuchern sei es dagegen ideal. Wobei auch hier Zeit der entscheidende Faktor sei.

»Würde ich das Harz frisch verarbeiten, würde es mir zu brennen anfangen.« Also muss es gut durchgetrocknet werden, damit die ätherischen Öle verdampfen können. Dieser Prozess der Lagerung dauert rund zwei Jahre. Erst dann kann das steinharte Ausgangsmaterial zerteilt und in die bekannt bröselige Form gebracht werden.

Wir nehmen den Weg über die Schafweide, hinauf zum Vorzeigewaldstück. Robert weist mich ein in die längst vergangen geglaubte Welt des Pecherhandwerks, die er mit seiner kleinteiligen Manufaktur wieder zum Leben erweckt hat.

Die an der Donau stationierten Römer betrieben bereits vor zweitausend Jahren eine primitive Form der Pechgewinnung. Im Mittelalter wurden Kienspäne aus dem Piestingtal zur Beleuchtung von Wohnplätzen nach Deutschland geliefert. Im Jahre 1679 schließlich wurde in Berndorf im benachbarten Traisental erstmals ein Harzhandel urkundlich erwähnt. Das »Pechbaum-Anhacken« war und ist eine klebrige Angelegenheit. Selten ist man bei einer Handhabe der Natur so nahe. Die alten Griechen und Römer verwendeten das klebrige Naturheilmittel bei Atemwegsbeschwerden, bei Kopf-, Zahn- und Ohrenschmerzen. Nicht zuletzt war es eine wirksame Arznei gegen die sogenannten Frauenleiden. Die Bauern brachten das Baumharz bei Arbeitsverletzungen im Wald direkt vor

Ort auf und verwendeten es als Zugsalbe – eine Medizin, die wie selbstverständlich stets zur Hand war. Harzpflaster waren ein beliebtes Rheumamittel. Und schließlich ist da Hippokrates, der Begründer der Medizin, der Naturheilkundige. Er praktizierte Räucherungen mit Harz und Rinde.

Robert setzt das Anstemmeisen waagrecht am Stamm an und schlägt eine Kerbe ein. Im richtigen Abstand, gemessen an der Höhe seines Pechhäferls, einem Glasgefäß, treibt er einen Nagel ein, kurz, um den Baum nicht unnötig zu verletzen. Nun klemmt er das Glas zwischen Kerbe und Nagel. Er ritzt die Rinde mit dem Hobel an – rötelt sie, wie es in der Sprache der Pecher heißt. Das Pech kann ins Glas abfließen. Pro Jahr wird ein Pechbaum jeweils über eine Höhe von dreißig bis vierzig Zentimetern bearbeitet: immer von unten nach oben. Nach ein paar Jahren braucht es dann eine Leiter. Diese wurde und wird heute noch aus leichtem Fichtenholz gefertigt. Die Sprossen schnitzt man aus den dünnen, aber äußerst zähen Ästen der Kornelkirsche, landläufig bekannt als Dirndlstrauch. »Des Dirndl is' zach«, sagt man.

In Zeiten der Industrieproduktion waren die Pecher Fließbandarbeiter. Pro Pecher und Baum waren rund eine halbe Minute Arbeitszeit veranschlagt. Daher rutschten die Pecher mit den Oberschenkeln an den Außenseiten der Holme hinunter, um in der Zeit zu bleiben. Dafür gab es einen eigenen »Rutschfleck« aus strapazierfähigem Leder. Gedrosselt wurde die Rutschgeschwindigkeit durch die genagelten Arbeitsschuhe, die Wind und Wetter standhalten mussten. Im Laufschritt ging es zum nächsten Baum. Ein einzelner Baum wurde bis zu sechzig Jahre lang bearbeitet. Um den Baum nicht zu sehr zu stressen, wurde zwischen den Lachten, den von der Rinde befreiten Flächen, »das Leben freigelassen«. Die Arbeit im Akkord war hart: Ein Mann hatte rund fünftausend Bäume zu bearbeiten. Und das zweimal in der Woche. Er holte so in einem guten Jahr bis zu fünfzehn Tonnen Harz aus dem Wald. Ein Stress, den Robert sich und dem Baum nicht antun würde. »Der Baum spendet uns den Sauerstoff, den wir zum Leben brauchen. Wir atmen ihn ein und stoßen ihn als Kohlendioxid wieder aus. Der Baum verwertet das Kohlendioxid und gibt ihn wieder als Sauerstoff an uns ab. Ein ewiger Kreislauf, in den wir als Nutznießer eingebunden sind. Das muss uns endlich bewusst werden«, sagt er und bleibt wie angewurzelt stehen.

Postskriptum: Es ist eine dieser Szenen, die du als Autor vor Ort erlebst, aber meist nicht beschreibst. Am Weg zu jenem Waldrand, den Robert zu Schauzwecken eingerichtet hat, liegt eine mächtige Fichte. Sie hat den halben

Stacheldrahtzaun umgerissen. In der Nacht hat es ein Unwetter gegeben. Der Sturm hat den Baum aus den Wurzeln gerissen. Bereits von der Schafweide aus haben wir das Unglück zur Kenntnis genommen. Direkt vor dem entwurzelten Giganten streift Robert in sich gekehrt über die raue Rinde. Er schluckt. Ihm fehlen die Worte. Immer wieder schüttelt er den Kopf. Besieht sich das in die Höhe stehende Wurzelwerk, unter dem sich eine tiefe Erdgrube auftut. Hält schließlich seine Hand auf die Rinde zwischen zwei Lachten, aufs »Leben«. Er atmet tief durch. Der entwurzelte Baum wird jetzt Nahrung und Heimat für unzählige Pilze und Tiere.

Johanna über die Reaktion ihrer Mutter

»Wir als Familie haben mit dem Mond gelebt. Für uns war das so selbstverständlich, dass wir gedacht haben: Das tut doch jeder. Bei uns Bergbauern war dieses Wissen überlebensnotwendig, einfach um nicht zweimal greifen zu müssen. Wenn ich denk: Der Gemüsegarten war einen halben Kilometer vom Haus entfernt, wenn du da ständig gießen hingehen hättest müssen … Zum richtigen Zeitpunkt bepflanzt, hat sich der Garten selbst erhalten. Wir haben nach überliefertem Wissen gelebt und gearbeitet, aber

nicht darüber geredet. Und auf einmal bring ich dieses selbstverständliche Wissen an die Öffentlichkeit. Dränge mich in ihren Augen mit etwas, worüber man nicht redet, fremden Leuten auf. Ich muss hier erwähnen: Meine Mutter war sehr scheu. Sie hat inwendig gelebt. Grundsätzlich eine gute Eigenschaft, die in mir selbst ja auch weiterlebt. Aber sie war auch sehr katholisch. Sie hat im Sinne der Kirchenmeinung gedacht: Du sollst die Natur nicht nur schätzen, du musst sie wertschätzen! Die Kirche hat sich das alte Kräuterwissen, das Wissen um den Mondstand, ja regelrecht gekrallt. In dem Sinn: Nur wir Klöster haben die Oberhoheit über dieses Wissen, nur wir dürfen das schriftlich aufzeichnen. Und jetzt geh ich als Bauerntochter da raus, stell mich vor andere Bäuerinnen, erheb mich also über meinen eigenen Stand, und tu so, als ob ich's besser wüsst.«

DEZEMBER

Der Christmond

Guter Mond, so sanft und milde
glänzest du im Sternenmeer,
wallest in dem Lichtgefilde
hehr und feierlich einher.
Menschentröster, Gottesbote,
der auf Friedenswolken thront:
Zu dem schönsten Morgenrote
führst du uns, o guter Mond!

Karl Enslin

Am Ende der damals noch dem Fasten verschriebenen Vorweihnachtszeit stand der Christtag. Der Tag nach Christi Geburt. Er stand am Beginn der alljährlichen Auszeit im bäuerlichen Jahreskreis. Die Tage der gegenseitigen Besuche standen an. Am 25. Dezember gab es das erste Festessen nach der kargen Zeit. Dementsprechend war der Christmond Inbegriff eines gemütlich-geselligen Ausklangs des arbeitsreichen Jahres.

Für mich die schönste Zeit war allerdings der Advent. Und da wiederum ist meine liebste Erinnerung jene ans Backen: Vanillekipferl, Kekserl, Lebkuchen. Aufgewachsen in einem Haus am Waldrand, verbinde ich mit diesen Tätigkeiten den ersten Schneefall, die weiß gezuckerten Baumwipfel, Rehe, die sich im Schutz des Schneetreibens bis zum Küchenfenster vorwagten. Die besten Backergebnisse, verrät mir Johanna, bringe der zunehmende Mond an Licht- oder Fruchttagen. Da ließe sich der Teig gut verarbeiten, das Gebäck werde luftig-locker und bleibe lang frisch. Der Lebkuchen! Wer kennt es nicht, das Märchen von Hänsel und Gretel. Welches Kind, das sich erwachsen gibt, weist nicht auf dessen pädagogischen Mehrwert hin: Wer schlimm ist, wird von der Hexe im Knusperhäuschen gebacken.

Vermutlich auch ob seiner langen Haltbarkeit ist das Gebäck fester Bestandteil der weltweiten Weihnachtskultur. Anis, Fenchel, Ingwer, Kardamom, Koriander, Muskat, Nelken und Zimt geben den Geschmack, der Honig verleiht ihm seinen Charakter. Und schließlich besteht das wohl bekannteste Gebäude der Welt aus Lebkuchen. Es hält nur meist nicht über die Vorweihnachtszeit hinaus. Jedenfalls war das bei mir der Fall. Eine schöne Erinnerung: das Backen und das Schneetreiben. Beides hat sich verflüchtigt. Der Schnee ist dem weltweiten Klimawandel zum Opfer gefallen und das Backen meinem unruhigen Geist. Eigentlich schade. Aber ist nicht der Jahreswechsel dazu da, gute Vorsätze zu fassen und in die Tat umzusetzen?

JOHANNAS MONDTIPP

Kaum eine Mondregel hat unsere Leserschaft mehr vom Einfluss der Mondrhythmen überzeugt wie der richtige Zeitpunkt für das Schlägern von Christbäumen. Er lautet: Drei Tage vor dem 11. oder 12. Vollmond im Jahr geerntet, verliert das Bäumchen seine Nadeln nicht. Wichtig: Im Freien aufbewahren und nicht ins Wasser stellen (erst beim Aufstellen im Haus).

Johanna und Thomas über den Beginn ihres »Mondprojekts«

»Zusammengebracht hat uns eine gemeinsame Münchner Bekannte. Ich bin einige Jahre im Raum Oberbayern als Vortragende getingelt. Die Dorfbäuerinnen, der Gartenbauverein, die hatten jedes Jahr eine Generalversammlung. Und da wollten sie alle einen Vortrag von mir. Das ist mir irgendwann einmal zu viel geworden. Hab ich gesagt, ich kann nicht ständig unterwegs sein. Woraufhin die einhellige Meinung war: Dann schreib's halt auf! Dagegen hab ich mich lange gewehrt. Mit der Zeit hab ich nicht nur am Land, sondern auch in der Stadt, in München, Vorträge gehalten. Und da ist eine Bekannte aus München zu mir gekommen: Du, ich kenne da einen Schriftsteller, der kann dir beim Schreiben helfen. Aber das wollt ich gar nicht! Ich war da in einer Zwickmühle: Zum einen wollte ich's nicht wie einen Kinderaufsatz niederschreiben, zum andern aber schon gar nicht akademisch. Was brauche ich also einen Schriftsteller?

Die Johanna hat sich aber dann doch bereit erklärt, mich zu treffen. In einem Waldcafé. Und dann sitzt dir da ein Mensch gegenüber, von dem du glaubst, du kennst ihn schon ewig. Wir haben über alles Mögliche philosophiert. Und beinahe beiläufig ist dieses alte Wissen, das

sie von ihrem Großvater vermittelt bekommen hat, ins Gespräch eingeflossen.

Ich hab beim Tom nicht so das Gefühl gehabt, der kommt mir von oben herab. Das war ein Kennenlernen auf Augenhöhe. Jedenfalls, ich hab mich natürlich vorbereitet gehabt: ein Vorwort, das er als Herausgeber eines Ratgebers geschrieben hat, hat mir vom Stil her gefallen. Und das hab ich ihm auch gesagt: Wenn du das so schreibst, dann passt's …

Das war aber noch lange nicht die Aufforderung, ein Buch mit ihr zu machen!

Ich wollt wissen, hat der Mensch ein Gespür für das Thema oder macht er's halt, weil das sein Beruf ist. Daher hab ich ihm eine Liste mitgegeben, mit zwanzig Handhaben zum richtigen Zeitpunkt. Zum Beispiel: Blumengießen im Zeichen des Mondes. Wir haben vereinbart, in einem halben Jahr treffen wir uns wieder und tauschen uns über seine Erfahrungen aus.

Ich hab alles nach den Angaben von Johanna gemacht und für mich selbst den Eindruck gewonnen: Dieses Wissen hilft dir wirklich weiter, das bewährt sich tatsäch-

lich im Alltag. Gleichzeitig war es bei mir so: Ich wollte diese angenehme Frau wieder treffen, die mir vom ersten Moment an so nahe gewesen ist. Ich hab, weit über das Berufliche hinaus, gehofft, dass unsere Zusammenarbeit zustande kommt.

Ich muss zugeben, ich hab den Tom fast vergessen in dem halben Jahr. Ich war so mit meinem Alltag, den vielen Vorträgen eingespannt. An den Wochenenden bin ich außerdem oft nach Tirol gefahren. Jedenfalls, alle halben Jahre hab ich meine Handtasche in Ordnung gebracht. Da stoß ich auf einen Zettel mit einer Nummer, die ich nicht kenne. Rufe ich also an. Am anderen Ende der Tom!

Und es war, Zufall oder der richtige Zeitpunkt, genau ein halbes Jahr nach unserem ersten Treffen.

Sagt er: Ich wollt dich heute eh anrufen, das halbe Jahr ist vorbei. War mir das peinlich: Ich hab das ganz vergessen gehabt. Um mich aus der Affäre zu ziehen, hab ich schnell ein Treffen improvisiert. Ich hab mir gedacht, wenn er das mit den Aufgaben halbherzig erledigt hat, hat sich für mich die Sache wenigstens erledigt. Dann kann ich das abhaken. Wir haben uns getroffen, er erzählt mir von seinen positiven Erfahrungen. Und fügt kleinlaut an: Einige der Aufgaben seien ihm misslungen. Da hab ich gewusst, dem kann ich vertrauen! Ich hab nämlich bewusst auch ein paar Tätigkeiten mit einem falschen Zeitpunkt gelistet. Hätte er mir vorgeschwärmt, wie wunderbar dies und das funktioniert hat – hätte ich gewusst, der lügt mich an.

Glück gehabt! Das Miteinander bei diesem ersten Buch. Die jahrzehntelange Zusammenarbeit. Das kann ich nur als glückhaft bezeichnen. Johanna hat mich das Schauen und Staunen gelehrt. Sie hat mir meinen, unter Anführungszeichen, alten Schreibfehler ausgetrieben: die Menschen überzeugen zu wollen. Und nach fünf Jahren haben wir uns als Paar gefunden. Wir haben geheiratet, drei Kinder großgezogen, ein Haus gebaut, unser Leben gemeinsam gestaltet. Das klingt alles so selbstverständlich, ist es aber nicht. Irgendwie spielt da der richtige Zeitpunkt eine wichtige Rolle.

Apropos: Der richtige Zeitpunkt ist kein Allheilmittel, wenn das Denken und die Einstellung nicht stimmen. Das ist im Leben so. Und das ist im ›Leben mit dem Mond‹ genauso.

Der Mond im Zeichen der Astronomie

Vom Dorf am Mond

Ich treffe einen Uraltfreund, Dr. Johannes Homa. Johannes hat vor etwas über zehn Jahren eine Firma gegründet, die mithilfe des 3-D-Druckverfahrens aus keramischem Material Medizinprodukte herstellt. Sein Partner, Dr. Johannes Benedikt, und er haben dieses Verfahren entwickelt und zum Weltpatent angemeldet. Bis zu ihrer Erfindung konnte man nur Kunststoff und Metall dreidimensional drucken.

Diese Fertigungstechnik lässt sich am besten mit dem Bau einer Pyramide beschreiben: Es wird Stein auf Stein gesetzt. Im konkreten Fall ist es Keramikschicht auf Keramikschicht. So entsteht ein Schichtmodell, aus dem anschließend die benötigte Form gestanzt wird. Die weltweit tätige Firma der beiden, die unter anderem hoch spezialisierte Prothesen herstellt, wurde von der Europäischen Weltraumagentur ESA angefragt, ob sie sich vorstellen könne, mit dem Material Mondstaub zu experimentieren. Herkömmliche 3-D-Drucker können diesen Rohstoff, der, vereinfacht gesagt, aus einer Art Nadeln besteht, nicht verarbeiten.

Der Hintergrund dieser Anfrage führt uns zurück an die Anfänge der Urgeschichte: die Sesshaftigkeit des Menschen. In unseren Anfängen, im Übergang vom Affen zum Homo sapiens waren wir Jäger und Sammler. Wir lebten in Höhlen und wechselten von Jagdgebiet zu Jagdgebiet. Als wir uns zu Verbänden zusammenschlossen und Familien gründeten, siedelten wir uns an einem fixen Ort an. Wir betrieben Ackerbau und wurden Bauern.

An genau diesem Punkt setzt die Weltraummission nun wieder an. Die Erde ist besiedelt, nun soll dem Mond sein Urbar abgerungen werden. Was verrückt klingen mag, ist Wissenschaftlern rund um den Erdball bitterer Ernst. Die ESA, als eine von vielen Institutionen, möchte die Geschichte der Menschheit neu schreiben. Johannes umreißt die Anfrage der Europäischen Weltraumagentur in kurzen Worten: »Es geht darum, am Mond ein Dorf zu bauen, mit Gebäuden zum Wohnen und Arbeiten, mit Bewässerungsanlagen für Gewächshäuser, in denen Gemüse zur Selbstversorgung gezüchtet werden kann. Ich kann allerdings nicht einfach mir nix, dir nix Baumaterial, Werkzeug und dergleichen auf den Mond schicken. Alles, was ich benötige, muss ich vor Ort produzieren. Der einzige Rohstoff, der am Mond vorhanden ist, ist Mondstaub. Daher die Überlegung, diesen Rohstoff auch als Material zu verarbeiten. Und hier kommen wir als Firma ins Spiel. Unsere Erfindung, der Hochleistungskeramikdrucker, eignet sich zur Verarbeitung: Das Material Keramik hat eine ähnliche Beschaffenheit wie Mondstaub.« Er nennt das Beispiel eines Schraubenschlüssels: »Ich muss den nicht mitnehmen oder vor Ort lagern. Benötige ich ihn, dann drucke ich ihn mir aus. Fehlt mir eine Schraube, drucke ich mir auch sie aus. Und die Schraubenmutter gleich dazu. Das einzige, das ich ins Weltall mitnehmen muss, ist der 3-D-Drucker.« Das klingt einfach, ja beinahe banal, ist allerdings hochkomplex. Man stünde in der Entwicklung ganz am Anfang, es gäbe hier nicht den einen großen Schritt, der die Menschheit dem Traum vom Leben auf dem Mond nahebringe: »Es sind noch viele, viele kleine Schritte notwendig, um vielleicht tatsächlich irgendwann einmal ans Ziel zu kommen.« Das Ziel: ein *moon village*, ein Dorf, ganz im Zeichen von Experiment und Forschung.

Der Mond seit Galileo Galilei

Einer dieser Astronomen ist Prof. Franz Kerschbaum. Er leitet das Institut für Astrophysik an der Universität Wien. Der Professor nennt den Mond »unseren kleinen Nachbarn«. Ich habe ihn gebeten – sozusagen als Fachbeirat – an meinem Gespräch mit Johannes teilzunehmen. Zum Siedlungsbau hat der Professor einen äußerst naturverbundenen Zugang. Ein Teil der frühgeschichtlichen Siedlungen waren Pfahlbauten. Die sesshaften Bauern schützten sich so vor Raubtieren und feindlichen Nachbarn. Der Professor verbringt seine Sommer auf solch einem Pfahlbau – wie es sie im Schilfgürtel des Neusiedler Sees gibt. Die im weiteren Uferbereich des Sees angelegten Holzhäuschen sind nur mit dem Boot erreichbar. Die Pfähle, die tief in den schlammigen Boden gerammt werden, sollen Wind, Wasser und dem Wetter trotzen – und sind aus Mondholz. Holz, bei Vollmond an überlieferten Tagen geerntet und verarbeitet, bedarf keinerlei chemischer Nachbehandlung. Es gewinnt eine Festigkeit und Beständigkeit, die es Generationen überdauern lässt. Ohne jeden Holzschutz. Den Beweis dafür finden wir in den Museumsdörfern mit ihren jahrhundertalten Bauernhäusern aus Holz und den berühmten Holzkaminen, die nicht entflammbar sind. Aber eben wegen ihrer Langlebigkeit und Wetterfestigkeit auch bei Wasserpfählen, den sogenannten Piloten. Ich habe vor einigen Jahren den Bau eines aus Mondholz gearbeiteten Pfahlbaues über Wochen hinweg beobachten dürfen. Eine lehrreiche Erfahrung in Sachen Baukunst. Der Professor und ich teilen allerdings etwas anderes, etwas ungleich Beeindruckenderes: den Sonnenaufgang am See. Wer einmal Zeuge eines solchen Naturschauspiels gewesen ist, hat den Rhythmus der Natur verinnerlicht. Der feuchte Geruch des grünen Mooses am Anlegesteg. Der müffelnde Geruch des morgenkalten Brackwassers an den Piloten. Schwarz und plan, der frühmorgendliche See. Windstille: nicht einmal ein laues Lüftchen. Der Horizont, ein zerfaserter Streifen Natur, der im Wasser zu versinken scheint. Rotgelb schiebt sich ein Farbfleck ins Bild. Die ersten Enten tauchen in den Farbfleck ein. Das Rotgelb breitet sich aus, breiter wird sein Verlauf, flirrender die Farben. Nebelschwaden kriechen über das Wasser, verschlucken die Enten. Möwen ziehen am Horizont ihre Kreise. Plötzlich, ein Feuerball: das Gelb explodiert im Rot. Ein Inferno, einen Wimpernschlag lang. Der Feuerball versinkt im Wasser. Das Naturschauspiel neigt sich seinem Ende zu: der neue Tag bricht an.

Wir verständigen uns über diese naturnahen Eindrücke, ehe der Professor mit seiner Erzählung beginnt. Als Berater der Europäischen Weltraumorganisation ESA, als Lehrender, als Forscher sei er berufsbedingt an der Zukunft interessiert, schickt er voraus. Doch gäbe es keine Zukunft ohne Vergangenheit. Tradition sei nicht die Anbetung der Asche, sondern die Weitergabe des Feuers.

Der erste große Schritt in unserer Beziehung zum Mond sei die Erfindung des Fernrohrs gewesen. Es war ein holländischer Brillenmacher, Jan Lippershey, der 1590 das erste Fernrohr anfertigte. Die Kunde der bahnbrechenden

Erfindung drang bis Padua, wo ein gewisser Galileo Galilei unverzüglich sein erstes Augenrohr herstellte. Eine Kombination aus erhabenem und hohlem Glas, umschlossen von einer bleiernen Röhre, an der er sich letztlich die Augen blind sah. Erst Johannes Kepler sollte das erste astronomische Teleskop entwickeln und damit jene Wissenschaft begründen, die Prof. Franz Kerschbaum lehrt. Aber Galileo Galilei war ein Marketinggenie, weshalb er noch heute mit diesem Schlüsselpunkt der Geschichte in Zusammenhang gebracht wird. Solange wir mit dem freien Auge zum Mond schauten, sahen wir dunkle Flecken und etwas, das sich als »Mondgesicht« im Volksmund festsetzte. Der Eindruck war ein überirdischer, weshalb man den Mond als mythisches Wesen, ja als eine Art Gottheit anbetete. Und auf einmal, um 1610 herum, sahen Galileo Galilei und andere: »Da oben gibt es Berge, da gibt es Krater, da wirft der Berg einen Schatten. Der Mond bekommt einen Körper. Er wird zu etwas Irdischem, dem man sich mit dem Verstand nähern kann.« Galileo Galilei begann zu schätzen, wie hoch ein Berg sei. Er begann, sich mit diesem irdischen Körper, der jenem der Erde glich, auseinanderzusetzen. Er beobachtete den Sonnenstand. Und anhand des Schattenwurfs berechnete er die Höhe des Berges. Damit begann die Entmystifizierung des Mondes.

In der vorteleskopischen Zeit hatte die Kirche Sonne, Mond und Sterne für ihre Zwecke benutzt. So war die Sonne das Sinnbild Gottes, ein durch und durch reines Geschöpf, ein perfektes himmlisches Objekt. Im Okular des Teleskops allerdings stellte sich das Sinnbild nicht ganz so makellos dar. Der Himmelskörper bekam Flecken, schwarze Flecken. Man nannte sie im Latein, der Sprache der Wissenschaft wie der Kirche: *maculae.* Galileo Galilei wurde der Ketzerschaft angeklagt. Und der einfache Bürger hielt es mit Vogel Strauß. Er steckte den Kopf in den Sand, statt das Auge ans Okular zu halten. Die öffentliche Meinung in den Anfängen der Mondbeobachtung, noch stark von der Kirche geprägt, war einhellig: Das Teleskop sei ein Hexenzeug, das Vergrößerungsglas produziere ein Trugbild. Dabei ist es doch so einfach, bringt der Professor die leidige Angelegenheit auf den Punkt: »Der Mond ist ein Steinbrocken wie die Erde.« Doch wir Menschen brauchen Mythen. Das wusste ein Verkäufer wie Galileo Galilei natürlich. Es entstanden poetische Zuschreibungen, um dem gemeinen Volk den fernen Fremdkörper nahezubringen. So wurde aus einer Bergkette der Apennin. Und aus den Erhebungen die jeweiligen *monte,* die Berge. Die Ebenen dazwischen, große, gleichmäßige dunkle Flächen, die nicht geologisch zu verankern waren, hielt man, getreu dem Spiegelbild der Erde, für Wasserflächen. Man nannte sie also *mare*. Was versehentlich für Meer gehalten wurde, war in Wahrheit Lava. Doch diese Erkenntnis der Wissenschaft kam erst mit der Verfeinerung der Beobachtungstechnik im letzten Jahrhundert. Die Erzählung einer aus Berg, Tal und Meer bestehenden Mondlandschaft hatte sich da bereits in den Köpfen der Menschen festgesetzt.

Die *mare* bekamen ebenfalls Namen, deren bekanntester »Meer der Ruhe« ist. Solcherart bezeichnete Neil Armstrong die Kraterlandschaft, auf der die Apollo 13 landete. Der Professor lächelt. Wir Menschen würden uns die Welt zurechtlegen, wie wir sie gerne hätten. Aufgabe der Wissenschaft sei es, diese Legenden zu hinterfragen. Er kommt auf den wesentlichen Mondeinfluss zu sprechen: jenen auf Ebbe und Flut. Natürlich beeinflusse der Mond die Gezeiten. Aber er wirke nur auf große Wassermassen, auf fließendes Gewässer. Bei Ozeanen sei die Anziehungskraft des Mondes unterschiedlich groß, weswegen das Wasser in eine Wellenbewegung versetzt werde, die zur Flut führe. Am anderen Ende dieser Bewegung ziehe sich das Wasser zurück: Hier gäbe es Ebbe. Global betrachtet, sei dieses Phänomen allerdings eine vernachlässigbare statistische Größe. Er bricht das Thema herunter auf den uns so nahen Neusiedler See. Am »Meer der Wiener«, immerhin der größte Steppensee Europas, gäbe es keine Gezeiten, weil es sich bei diesem Wasserkörper um stehendes Gewässer handle. Der viel wichtigere Einfluss des Mondes auf uns Menschen sei das Licht. Der Aufgang der Sonne am Neusiedler See. Für den in, mit und von der Natur lebenden Menschen war das wechselnde Licht seit jeher gerade aus biologischer Sicht elementar. Stichwort: Biorhythmus. Außerdem war die Lichtgestalt des Mondes ein wichtiger Zeitgeber. Der Professor bringt das Thema mit Humor auf den Punkt: »Wenn ich keine Uhr hab, dann sag ich: Beim nächsten Vollmond treffen wir uns.« Er kommt auf das dem Vollmond Zugeschriebene zu sprechen: die Fortpflanzung. Es gäbe in der Natur eine Reihe von Tieren, die mit ihren Spermien sorgsam umgehen müssten. Diese bräuchten einen verlässlichen Zeitpunkt, um sich zu treffen: Der Vollmond eignet sich geradezu idealtypisch dafür. Es ranke sich jedoch viel zu viel anekdotisches Wissen um diese Erscheinung. So zum Beispiel jene, bei Vollmond herrsche weltweit Schönwetter. Eine Meinung, die sich aufgrund menschlicher Beobachtung seit jeher hält. Die Erklärung für diese Fehlmeinung ist ganz einfach: Ich sehe den Vollmond nur bei Schönwetter. Aufgrund systematischer Wetteraufzeichnungen an Vollmondnächten konnte ein Wiener Forscher diese Schönwetterregel aufheben. Bewirkt hat sie in der öffentlichen Meinung nichts: Wir glauben, was wir sehen.

Der Babylonische Kalender

Das Beobachten nach System, der planvollen Aufzeichnung, haben wir dem Babylonischen Kalender zu verdanken. Der Professor gerät regelrecht ins Schwärmen. Johannes, der im Wissenschaftsbereich tätige Unternehmer, horcht auf. Eine der beeindruckendsten Naturerscheinungen in der Menschheitsgeschichte seien die Sonnen- und die Mondfinsternis. Also der Bruch mit der Tradition. Die Phasen von Mondaufgang und -untergang, dieser natürliche Rhythmus, waren dem Menschen im Laufe der Zeit eingeschrieben. Als jedoch dieser Rhythmus erstmals gebrochen wurde, weil die Sonne untertags verschwand oder der Mond sich blutrot färbte, war das ein Schockmoment. Man versuchte es mit mythologischen Erklärungen wie: »Der Drache verschlingt den Mond«. Und brachte die Ereignisse mit dem Ausbruch von Kriegen oder dem Tod eines Herrschers in Verbindung. Das waren naheliegende Erklärungen, aber sie gingen in ihrer Hilflosigkeit ins Leere. Die Wirkung war gleich null.

Die Babylonier gingen dem Naturphänomen mit der gebotenen Nüchternheit nach. Sie notierten über Jahrhunderte hinweg, wann es eine Sonnenfinsternis, wann den Blutmond gegeben hatte. Durch die schriftliche Aufzeichnung entdeckten sie, dass sich Mond- und Sonnenfinsternis alle 18 Jahre wiederholten. Es sich dabei also um ein periodisch wiederkehrendes Phänomen handelte: ein Triumph der Statistik. Und die Geburtsstunde der Rhythmik. Der Professor beendet seine kleine Geschichte der Astronomie. Wir unterhalten uns über dies und das. Johannes führt uns durch seine Firma. Der Astronom und der im Dienste der Weltraumforschung tätige Unternehmer vertiefen das Fachgespräch über die Zukunft von *moon village*. Eine Zukunft, die zurückgeht an die Wurzeln der Menschheitsgeschichte: das Siedlungswesen. Ich verabschiede mich gedanklich – und wenig später auch buchstäblich.

Schlusswort

Am frühen Abend habe ich mein letztes Treffen auf meiner ganz persönlichen Entdeckungsreise zum Mond. Ich treffe jene Frau, die mich bekräftigt hat, diese Reise in für mich unbekannte Welten anzutreten: Martina Monghy. Sie ist mir eine Seelenfreundin. Martina bezeichnet sich selbst als »mondvernarrt«. Wir besuchen den Sterngarten am Georgiberg in Wien-Mauer. Ein Freiluftplanetarium hinter der berühmten Wotrubakirche. Es herrscht Wildnis hier oben, über den Dächern Wiens. Ein Fleckchen Natur, das noch nicht lichtverseucht ist. Hier hat der Astronom Univ.-Prof. Dr. Oswald Thomas einen Platz geschaffen, der für jedermann jederzeit frei zugänglich ist. Über einen schmalen Pfad geht es durch dichtes Dickicht ins Hintaus der Kirche. Nach kurzem Fußmarsch lichtet sich das Gebüsch: eine Pyramide würde in unserem Blickfeld auftauchen. Wenn, ja wenn zum Zeitpunkt unseres Besuches nicht dicker Nebel herrschen würde. Und so tasten wir uns buchstäblich zu einer geheimnisvollen, beinahe unsichtbaren Landschaft vor: Die Sitzstufen der Pyramide schälen sich aus der Nebelwand. Wir setzen vorsichtig Schritt für Schritt zur »Himmelsmitte« vor, einer Scheibe in der Mitte der Pyramidenplattform. Eine Holzbrüstung, die exakt auf durchschnittlicher Augenhöhe die Plattform einfasst, bezeichnet den Horizont. Wie Schemen arbeiten sich im Umfeld des Bauwerkes die Sonnenuhr – wiederum exakt gegenüber der »Himmelsmitte« – und verschiedene Stahlstelen aus dem Nebel. Die Stelen zeigen den Sonnenuntergang zur Sommer- und Winterwende an, jenen zur Tag- und Nachtgleiche und schließlich die entsprechenden Sonnenaufgänge. Wir können sie in der Nebelsuppe nur erahnen. Doch führt uns gerade das jenseitige Wetter zur Konzentration auf das Wesentliche: unser Gefühl. Martina und ich hängen, jeder für sich, unseren Gedanken nach. Ein Satz von Johanna und Thomas klingt in mir nach: »Alles beginnt und endet mit dem Gespür: Es ist der Schlüssel zum Glück.« Hier, mitten in der Wildnis – nicht weit entfernt vom Großstadtgetriebe und doch in eine andere Welt geworfen – spüre ich mich plötzlich. Der Nebel versetzt mich in einen unbeschreiblichen Zustand: Ich bin eins mit der Natur. Fragen tun sich mir auf. Welche Wechselwirkung haben Sonne, Mond und Sterne, wenn sie sich vor uns verstecken? Brauchen sie uns, um zu existieren? Nein. Wir allerdings, wir brauchen diese Planeten. Sie sind für unser Leben auf der Erde unabdingbar. Dabei glauben wir, alles überholen zu können, auch die Natur, und überholen uns dabei selbst. Ich spreche den Satz aus einem der Bücher von Johanna und Thomas laut aus. Einfach weil er mir gerade auf der Zunge brennt. Martina reagiert im Augenblick darauf: »Du weißt ja, dass ich den Thomas Poppe als eine Art Geburtshelfer sehe.« Es ist nur ihre Stimme, die ich höre, was der Aussage ihr Pathos nimmt. Die Erklärung: Martina eröffnete mit ihrem Mann im Heurigenort Hagenbrunn ein Lokal. Eine Trattoria. Gut 15 Jahre ist das her. Gemeinhin halten sich Lokale mit fremdländischer Küche im bodenständigen Umfeld von Heurigengegenden meist nicht allzu lang. Ihre Trattoria, mittlerweile von einem Nachfolger geführt, erfreut sich jedoch noch immer großer Beliebtheit. Den Tag der Eröffnung legte Martina damals nach telefonischer Rücksprache mit dem Mondexperten fest. Es war der richtige Zeitpunkt. Davon ist sie noch heute überzeugt.

Seit ihrer Kindheit ist der Mond für Martina ein Lebensbegleiter. Durch die Mondkalender von Paungger/Poppe hat er systematisch in ihrem Alltag Einzug gehalten. Wir entfernen uns etwas von der Pyramide, schlagen uns ins dichte Gebüsch. »Erzähl mir vom Mond«, sage ich zu ihr. Wir hocken uns unter eine Art schützendes Dach: ein Geflecht aus Blattwerk. Verschwinden regelrecht im Nebel. Gleichzeitig lichten sich für mich persönlich die Nebel. Sie beginnt zu erzählen. Leise, beinahe flüsternd, bringt sie mir jenes Thema ganz nahe, dem ich mich bisher nur im Austausch mit Kennern der Materie genähert habe.

Da aber ist jemand, die tagtäglich nach den Anregungen von Johanna, von Thomas, von Rupert lebt. Die Kräuter sammelt wie Anneliese und das Baumpech von Robert zu eigenem Harz verarbeitet. Und so sind es ihre Worte, die am Ende dieses Buches stehen. Sind es ihre Gedanken, die für mich ans Ende dieses Buches gehören. Die Worte von Martina Monghy, der »Mondvernarrten«:

»Ich hab schon immer eine ganz besondere Faszination für den Mond gehabt, speziell für den Vollmond. Vielleicht liegt es daran, dass ich im Sternzeichen Krebs geboren bin. Jedem Sternzeichen wird ja ein bestimmter Planet zugeordnet. In meinem Fall ist das der Mond. In meiner Kindheit hab ich ihn immer gesucht, diesen, meinen Mond. Auch wenn ich ihn nicht immer gesehen hab, hab ich ein Urvertrauen in ihn gehabt. Von meinem Bett aus hab ich ihn am Nachthimmel beobachten können. In meiner Erinnerung ist er meist rund und leuchtet in den unterschiedlichsten Farben. Ein lächelndes Gesicht, das die Steinmauer bis zum Dach hinaufklettert, hinter dem Fensterrahmen verschwindet und sich Richtung Innenstadt bewegt. Der Mond war und ist für mich ein Freund und ein Begleiter. Ich kann mich auf ihn verlassen. Er unterstützt mich in vielen Vorhaben. Es gelingt mir vieles einfach besser, wenn ich mich an den richtigen Zeitpunkt halte. Ich orientiere mich bei Vorhaben, die nicht in die tägliche Routine fallen und mir ein gewisses Zeitfenster erlauben, gerne am Mondkalender.

Ich bin mit allerlei Aberglauben und den Sprüchen aus dem Bauernkalender aufgewachsen. In meiner Jugend haben meine Mutter und ich die Wochenenden am Land verbracht: bei ausgedehnten Waldspaziergängen oder Wanderungen in den Bergen. Die Natur ist mein Spielplatz gewesen, altem Wissen hab ich von klein auf gelauscht. Ich bin in den 70er-Jahren, als Kindergartenkind, eine der Ersten gewesen, die im Wiener Augarten-Park Bärlauch gepflückt hat. Meine Oma hat mir erzählt, dass sie den im Krieg gegessen haben. Das Sammeln von Kräutern in der Natur ist mir geblieben. Nachdem ich vor vielen Jahren bereits auf fleischlose Ernährung umgestiegen bin, ist es mir selbstverständlich, mich ausgewogen zu ernähren, mit Nahrung, die mir an den jeweiligen Tagen guttut. Was den Einkauf von Lebensmitteln im Supermarkt betrifft, lasse ich mich daher vom Mondkalender inspirieren. Der zunehmende Mond speichert Energie und lädt dazu ein, Kraft zu tanken. In dieser Phase nehme ich mir auch mal Zeit für mich und gönne mir vermehrt Erholung. Da kommt dann der Gusto nach Schokolade auf. Aber Achtung, hier heißt es, mich zu bremsen! Denn zu diesem Zeitpunkt verlangt mein Körper ja eigentlich nach leichter Kost. Der abnehmende Mond eignet sich gut, das loszuwerden, was ich nicht brauche oder nicht haben will. Da entgifte ich meinen Körper. Die besten Energien, bin ich daraufgekommen, die haben Neumond und Vollmond. An diesen Tagen lege ich einen Fasttag ein.

Manchmal verspüre ich einen irrsinnigen Tatendrang. Dann schaue ich auf den Mondkalender. Und siehe da: Das Zeichen im Kalender bestätigt mich. Der richtige Zeitpunkt – ich glaub fest an ihn.

Übrigens, der Mond ist bei uns, im deutschen Sprachraum, männlich. In den meisten anderen Ländern ist er weiblich: *luna*, die Mondin. Ich will's nur erwähnt haben, wegen dem weiblichen Zyklus … Meinen eigenen hab ich auf ganz natürliche Weise entdeckt. So hat meine Periode meist rund um den Vollmond eingesetzt. Rund um den Neumond hab ich dann verlässlich meinen Eisprung gehabt. Und auch noch heute, mit 56, ist es nach wie vor so, dass es Nächte gibt, in denen es mich umtreibt: Ich schlafe unruhig, wache immer wieder auf. Wenn ich aus dem Fenster blicke, kündigt sich zumeist der Vollmond an.

Ich glaube fest daran: Der Mond hat nicht nur auf mich eine ganz besondere Anziehungskraft. Die Natur nimmt ihren Lauf, sie wartet nicht, hat keine Zeit, nur ein Empfinden, die Kraft des Mondes treibt uns. Diese unsichtbare Leine, an der uns der Mond zieht – auch so ein Bild aus meiner Kindheit – die zeigt sich augenscheinlich an den

Gezeiten. Ebbe und Flut. Bei Vollmond, aber auch bei Neumond können wir beobachten, wie sich das Meer zusammenbraut und sich aufgewühlt zeigt. Flutwellen, die bis zu zwanzig Meter hoch schlagen, gefolgt von endlos weiter Ebbe. Sie verleitet zu langen Spaziergängen weg von der sicheren Küste. Vorsicht ist geboten, denn nur wenige Stunden später kommt das Wasser mit voller Kraft zurück.

Ich bin vernarrt in den Mond. Und ich liebe das Meer. Im Urlaub stundenlang auf einem Felsen sitzen und das Meer, den Mond, die Sterne zu betrachten: Das ist für mich Entspannung pur. Da kann ich mich in Zeit und Raum verlieren. Wenn dann das Dunkel über mir hereinbricht … Umgeben von Finsternis leuchten die Sterne besonders hell. Im Wasser spiegelt sich der Mond. Ich lasse die Beine ins kühle Nass baumeln und träume vor mich hin. In solchen Momenten bin ich ganz bei mir.«

Der Mond und ich

Das letzte Wort aber haben Sie,
liebe Leserin, lieber Leser!
Greifen Sie zur Feder und setzen Sie
in einer ruhigen Minute
Ihren ganz persönlichen Schlusspunkt.

Mondkalender für die Jahre 2023-2028

von Johanna Paungger-Poppe
und Thomas Poppe

Legende

- Widder
- Stier
- Zwillinge
- Krebs
- Löwe
- Jungfrau
- Waage
- Skorpion
- Schütze
- Steinbock
- Wassermann
- Fische

- ☽ zunehmender Mond
- ○ Vollmond
- ☾ abnehmender Mond
- ● Neumond

2023

JANUAR	FEBRUAR	MÄRZ	APRIL	MAI	JUNI
S 1	M 1	M 1	S 1	M 1	D 1
M 2	D 2	D 2	S 2	D 2	F 2
D 3	F 3	F 3	M 3	M 3	S 3
M 4	S 4	S 4	D 4	D 4	S 4 ○
D 5	S 5 ○	S 5	M 5	F 5 ○	M 5
F 6	M 6	M 6	D 6 ○	S 6	D 6
S 7 ○	D 7	D 7 ○	F 7	S 7	M 7
S 8	M 8	M 8	S 8	M 8	D 8
M 9	D 9	D 9	S 9	D 9	F 9
D 10	F 10	F 10	M 10	M 10	S 10 ☾
M 11	S 11	S 11	D 11	D 11	S 11
D 12	S 12	S 12	M 12	F 12 ☾	M 12
F 13	M 13 ☾	M 13	D 13 ☾	S 13	D 13
S 14	D 14	D 14	F 14	S 14	M 14
S 15 ☾	M 15	M 15 ☾	S 15	M 15	D 15
M 16	D 16	D 16	S 16	D 16	F 16
D 17	F 17	F 17	M 17	M 17	S 17
M 18	S 18	S 18	D 18	D 18 ●	S 18 ●
D 19	S 19	S 19	M 19	F 19	M 19
F 20	M 20 ●	M 20	D 20 ●	S 20	D 20
S 21 ●	D 21	D 21 ●	F 21	S 21	M 21
S 22	M 22	M 22	S 22	M 22	D 22
M 23	D 23	D 23	S 23	D 23	F 23
D 24	F 24	F 24	M 24	M 24	S 24
M 25	S 25	S 25	D 25	D 25	S 25
D 26	S 26	S 26	M 26	F 26	M 26 ☽
F 27	M 27 ☽	M 27	D 27 ☽	S 27 ☽	D 27
S 28 ☽	D 28	D 28	F 28	S 28	M 28
S 29		M 29 ☽	S 29	M 29	D 29
M 30		D 30	S 30	D 30	F 30
D 31		F 31		M 31	

JULI	AUGUST	SEPTEMBER	OKTOBER	NOVEMBER	DEZEMBER
S 1 ♐	D 1 ♑ ○	F 1 ♓	S 1 ♈	M 1 ♊	F 1 ♋
S 2 ♐	M 2 ♒	S 2 ♈	M 2 ♉	D 2 ♋	S 2 ♌
M 3 ♑ ○	D 3 ♒	S 3 ♈	D 3 ♉	F 3 ♋	S 3 ♌
D 4 ♑	F 4 ♓	M 4 ♉	M 4 ♊	S 4 ♋	M 4 ♌
M 5 ♒	S 5 ♓	D 5 ♉	D 5 ♊	S 5 ♌ ☾	D 5 ♍ ☾
D 6 ♒	S 6 ♈	M 6 ♊ ☾	F 6 ♋ ☾	M 6 ♌	M 6 ♍
F 7 ♓	M 7 ♈	D 7 ♊	S 7 ♋	D 7 ♍	D 7 ♎
S 8 ♓	D 8 ♉ ☾	F 8 ♊	S 8 ♋	M 8 ♍	F 8 ♎
S 9 ♈	M 9 ♉	S 9 ♋	M 9 ♌	D 9 ♍	S 9 ♎
M 10 ♈ ☾	D 10 ♊	S 10 ♋	D 10 ♌	F 10 ♎	S 10 ♏
D 11 ♈	F 11 ♊	M 11 ♌	M 11 ♍	S 11 ♎	M 11 ♏
M 12 ♉	S 12 ♋	D 12 ♌	D 12 ♍	S 12 ♏	D 12 ♐
D 13 ♉	S 13 ♋	M 13 ♌	F 13 ♍	M 13 ♏ ●	M 13 ♐ ●
F 14 ♊	M 14 ♋	D 14 ♍	S 14 ♎ ●	D 14 ♏	D 14 ♑
S 15 ♊	D 15 ♌	F 15 ♍ ●	S 15 ♎	M 15 ♐	F 15 ♑
S 16 ♋	M 16 ♌ ●	S 16 ♎	M 16 ♏	D 16 ♐	S 16 ♒
M 17 ♋ ●	D 17 ♌	S 17 ♎	D 17 ♏	F 17 ♑	S 17 ♒
D 18 ♋	F 18 ♍	M 18 ♎	M 18 ♐	S 18 ♑	M 18 ♓
M 19 ♌	S 19 ♍	D 19 ♏	D 19 ♐	S 19 ♒	D 19 ♓ ☽
D 20 ♌	S 20 ♎	M 20 ♏	F 20 ♐	M 20 ♒ ☽	M 20 ♈
F 21 ♍	M 21 ♎	D 21 ♐	S 21 ♑	D 21 ♓	D 21 ♈
S 22 ♍	D 22 ♎	F 22 ♐ ☽	S 22 ♑ ☽	M 22 ♓	F 22 ♈
S 23 ♍	M 23 ♏	S 23 ♐	M 23 ♒	D 23 ♈	S 23 ♉
M 24 ♎	D 24 ♏ ☽	S 24 ♑	D 24 ♒	F 24 ♈	S 24 ♉
D 25 ♎ ☽	F 25 ♐	M 25 ♑	M 25 ♓	S 25 ♉	M 25 ♊
M 26 ♏	S 26 ♐	D 26 ♒	D 26 ♓	S 26 ♉	D 26 ♊
D 27 ♏	S 27 ♑	M 27 ♒	F 27 ♈	M 27 ♉ ○	M 27 ♋ ○
F 28 ♏	M 28 ♑	D 28 ♓	S 28 ♈ ○	D 28 ♊	D 28 ♋
S 29 ♐	D 29 ♒	F 29 ♓ ○	S 29 ♉	M 29 ♊	F 29 ♋
S 30 ♐	M 30 ♒	S 30 ♈	M 30 ♉	D 30 ♋	S 30 ♌
M 31 ♑	D 31 ♓ ○		D 31 ♊		S 31 ♌

2024

JANUAR	FEBRUAR	MÄRZ	APRIL	MAI	JUNI
M 1	D 1	F 1	M 1	M 1 ☾	S 1
D 2	F 2	S 2	D 2 ☾	D 2	S 2
M 3	S 3 ☾	S 3 ☾	M 3	F 3	M 3
D 4 ☾	S 4	M 4	D 4	S 4	D 4
F 5	M 5	D 5	F 5	S 5	M 5
S 6	D 6	M 6	S 6	M 6	D 6 ●
S 7	M 7	D 7	S 7	D 7	F 7
M 8	D 8	F 8	M 8 ●	M 8 ●	S 8
D 9	F 9 ●	S 9	D 9	D 9	S 9
M 10	S 10	S 10 ●	M 10	F 10	M 10
D 11 ●	S 11	M 11	D 11	S 11	D 11
F 12	M 12	D 12	F 12	S 12	M 12
S 13	D 13	M 13	S 13	M 13	D 13
S 14	M 14	D 14	S 14	D 14	F 14 ☽
M 15	D 15	F 15	M 15 ☽	M 15 ☽	S 15
D 16	F 16 ☽	S 16	D 16	D 16	S 16
M 17	S 17	S 17 ☽	M 17	F 17	M 17
D 18 ☽	S 18	M 18	D 18	S 18	D 18
F 19	M 19	D 19	F 19	S 19	M 19
S 20	D 20	M 20	S 20	M 20	D 20
S 21	M 21	D 21	S 21	D 21	F 21
M 22	D 22	F 22	M 22	M 22	S 22 ○
D 23	F 23	S 23	D 23	D 23 ○	S 23
M 24	S 24 ○	S 24	M 24 ○	F 24	M 24
D 25 ○	S 25	M 25 ○	D 25	S 25	D 25
F 26	M 26	D 26	F 26	S 26	M 26
S 27	D 27	M 27	S 27	M 27	D 27
S 28	M 28	D 28	S 28	D 28	F 28 ☾
M 29	D 29	F 29	M 29	M 29	S 29
D 30		S 30	D 30	D 30 ☾	S 30
M 31		S 31		F 31	

JULI	AUGUST	SEPTEMBER	OKTOBER	NOVEMBER	DEZEMBER
M 1 ♉	D 1 ♊	S 1 ♌	D 1 ♍	F 1 ♏ ●	S 1 ♐ ●
D 2 ♉	F 2 ♋	M 2 ♌	M 2 ♎ ●	S 2 ♏	M 2 ♐
M 3 ♊	S 3 ♋	D 3 ♍ ●	D 3 ♎	S 3 ♏	D 3 ♑
D 4 ♊	S 4 ♌ ●	M 4 ♍	F 4 ♎	M 4 ♐	M 4 ♑
F 5 ♋ ●	M 5 ♌	D 5 ♎	S 5 ♏	D 5 ♐	D 5 ♑
S 6 ♋	D 6 ♍	F 6 ♎	S 6 ♏	M 6 ♑	F 6 ♒
S 7 ♋	M 7 ♍	S 7 ♎	M 7 ♏	D 7 ♑	S 7 ♒
M 8 ♌	D 8 ♍	S 8 ♏	D 8 ♐	F 8 ♒	S 8 ♓ ☽
D 9 ♌	F 9 ♎	M 9 ♏	M 9 ♐	S 9 ♒ ☽	M 9 ♓
M 10 ♍	S 10 ♎	D 10 ♐	D 10 ♑ ☽	S 10 ♒	D 10 ♈
D 11 ♍	S 11 ♏	M 11 ♐ ☽	F 11 ♑	M 11 ♓	M 11 ♈
F 12 ♍	M 12 ♏ ☽	D 12 ♐	S 12 ♒	D 12 ♓	D 12 ♉
S 13 ♎ ☽	D 13 ♏	F 13 ♑	S 13 ♒	M 13 ♈	F 13 ♉
S 14 ♎	M 14 ♐	S 14 ♑	M 14 ♓	D 14 ♈	S 14 ♊
M 15 ♏	D 15 ♐	S 15 ♒	D 15 ♓	F 15 ♉ ○	S 15 ♊ ○
D 16 ♏	F 16 ♑	M 16 ♒	M 16 ♈	S 16 ♉	M 16 ♋
M 17 ♏	S 17 ♑	D 17 ♓	D 17 ♈ ○	S 17 ♊	D 17 ♋
D 18 ♐	S 18 ♒	M 18 ♓ ○	F 18 ♉	M 18 ♊	M 18 ♋
F 19 ♐	M 19 ♒ ○	D 19 ♈	S 19 ♉	D 19 ♋	D 19 ♌
S 20 ♑	D 20 ♓	F 20 ♈	S 20 ♊	M 20 ♋	F 20 ♌
S 21 ♑ ○	M 21 ♓	S 21 ♉	M 21 ♊	D 21 ♌	S 21 ♍
M 22 ♒	D 22 ♓	S 22 ♉	D 22 ♋	F 22 ♌	S 22 ♍ ☾
D 23 ♒	F 23 ♈	M 23 ♊	M 23 ♋	S 23 ♌ ☾	M 23 ♎
M 24 ♓	S 24 ♈	D 24 ♊ ☾	D 24 ♋ ☾	S 24 ♍	D 24 ♎
D 25 ♓	S 25 ♈	M 25 ♋	F 25 ♌	M 25 ♍	M 25 ♎
F 26 ♈	M 26 ♉ ☾	D 26 ♋	S 26 ♌	D 26 ♎	D 26 ♏
S 27 ♈	D 27 ♊	F 27 ♌	S 27 ♍	M 27 ♎	F 27 ♏
S 28 ♉ ☾	M 28 ♊	S 28 ♌	M 28 ♍	D 28 ♎	S 28 ♐
M 29 ♉	D 29 ♋	S 29 ♌	D 29 ♍	F 29 ♏	S 29 ♐
D 30 ♊	F 30 ♋	M 30 ♍	M 30 ♎	S 30 ♏	M 30 ♐ ●
M 31 ♊	S 31 ♌		D 31 ♎		D 31 ♑

2025

JANUAR	FEBRUAR	MÄRZ	APRIL	MAI	JUNI
M 1	S 1	S 1	D 1	D 1	S 1
D 2	S 2	S 2	M 2	F 2	M 2
F 3	M 3	M 3	D 3	S 3	D 3
S 4	D 4	D 4	F 4	S 4	M 4
S 5	M 5	M 5	S 5	M 5	D 5
M 6	D 6	D 6	S 6	D 6	F 6
D 7	F 7	F 7	M 7	M 7	S 7
M 8	S 8	S 8	D 8	D 8	S 8
D 9	S 9	S 9	M 9	F 9	M 9
F 10	M 10	M 10	D 10	S 10	D 10
S 11	D 11	D 11	F 11	S 11	M 11
S 12	M 12	M 12	S 12	M 12	D 12
M 13	D 13	D 13	S 13	D 13	F 13
D 14	F 14	F 14	M 14	M 14	S 14
M 15	S 15	S 15	D 15	D 15	S 15
D 16	S 16	S 16	M 16	F 16	M 16
F 17	M 17	M 17	D 17	S 17	D 17
S 18	D 18	D 18	F 18	S 18	M 18
S 19	M 19	M 19	S 19	M 19	D 19
M 20	D 20	D 20	S 20	D 20	F 20
D 21	F 21	F 21	M 21	M 21	S 21
M 22	S 22	S 22	D 22	D 22	S 22
D 23	S 23	S 23	M 23	F 23	M 23
F 24	M 24	M 24	D 24	S 24	D 24
S 25	D 25	D 25	F 25	S 25	M 25
S 26	M 26	M 26	S 26	M 26	D 26
M 27	D 27	D 27	S 27	D 27	F 27
D 28	F 28	F 28	M 28	M 28	S 28
M 29		S 29	D 29	D 29	S 29
D 30		S 30	M 30	F 30	M 30
F 31		M 31		S 31	

JULI	AUGUST	SEPTEMBER	OKTOBER	NOVEMBER	DEZEMBER
D 1	F 1	M 1	M 1	S 1	M 1
M 2	S 2	D 2	D 2	S 2	D 2
D 3	S 3	M 3	F 3	M 3	M 3
F 4	M 4	D 4	S 4	D 4	D 4
S 5	D 5	F 5	S 5	M 5	F 5
S 6	M 6	S 6	M 6	D 6	S 6
M 7	D 7	S 7	D 7	F 7	S 7
D 8	F 8	M 8	M 8	S 8	M 8
M 9	S 9	D 9	D 9	S 9	D 9
D 10	S 10	M 10	F 10	M 10	M 10
F 11	M 11	D 11	S 11	D 11	D 11
S 12	D 12	F 12	S 12	M 12	F 12
S 13	M 13	S 13	M 13	D 13	S 13
M 14	D 14	S 14	D 14	F 14	S 14
D 15	F 15	M 15	M 15	S 15	M 15
M 16	S 16	D 16	D 16	S 16	D 16
D 17	S 17	M 17	F 17	M 17	M 17
F 18	M 18	D 18	S 18	D 18	D 18
S 19	D 19	F 19	S 19	M 19	F 19
S 20	M 20	S 20	M 20	D 20	S 20
M 21	D 21	S 21	D 21	F 21	S 21
D 22	F 22	M 22	M 22	S 22	M 22
M 23	S 23	D 23	D 23	S 23	D 23
D 24	S 24	M 24	F 24	M 24	M 24
F 25	M 25	D 25	S 25	D 25	D 25
S 26	D 26	F 26	S 26	M 26	F 26
S 27	M 27	S 27	M 27	D 27	S 27
M 28	D 28	S 28	D 28	F 28	S 28
D 29	F 29	M 29	M 29	S 29	M 29
M 30	S 30	D 30	D 30	S 30	D 30
D 31	S 31		F 31		M 31

2026

JANUAR	FEBRUAR	MÄRZ	APRIL	MAI	JUNI
D 1 ♊	S 1 ♋ ○	S 1 ♌	M 1 ♍	F 1 ♏ ○	M 1 ♐
F 2 ♊	M 2 ♌	M 2 ♌	D 2 ♎ ○	S 2 ♏	D 2 ♐
S 3 ♋ ○	D 3 ♌	D 3 ♍ ○	F 3 ♎	S 3 ♏	M 3 ♑
S 4 ♋	M 4 ♍	M 4 ♍	S 4 ♏	M 4 ♐	D 4 ♑
M 5 ♌	D 5 ♍	D 5 ♎	S 5 ♏	D 5 ♐	F 5 ♒
D 6 ♌	F 6 ♎	F 6 ♎	M 6 ♏	M 6 ♑	S 6 ♒
M 7 ♍	S 7 ♎	S 7 ♎	D 7 ♐	D 7 ♑	S 7 ♒
D 8 ♍	S 8 ♏	S 8 ♏	M 8 ♐	F 8 ♑	M 8 ♓ ☾
F 9 ♍	M 9 ♏ ☾	M 9 ♏	D 9 ♑	S 9 ♒ ☾	D 9 ♓
S 10 ♎ ☾	D 10 ♏	D 10 ♐	F 10 ♑ ☾	S 10 ♒	M 10 ♈
S 11 ♎	M 11 ♐	M 11 ♐ ☾	S 11 ♑	M 11 ♓	D 11 ♈
M 12 ♏	D 12 ♐	D 12 ♐	S 12 ♒	D 12 ♓	F 12 ♉
D 13 ♏	F 13 ♑	F 13 ♑	M 13 ♒	M 13 ♓	S 13 ♉
M 14 ♏	S 14 ♑	S 14 ♑	D 14 ♓	D 14 ♈	S 14 ♊
D 15 ♐	S 15 ♑	S 15 ♒	M 15 ♓	F 15 ♈	M 15 ♊ ●
F 16 ♐	M 16 ♒	M 16 ♒	D 16 ♈	S 16 ♉ ●	D 16 ♋
S 17 ♑	D 17 ♒ ●	D 17 ♒	F 17 ♈ ●	S 17 ♉	M 17 ♋
S 18 ♑ ●	M 18 ♓	M 18 ♓	S 18 ♉	M 18 ♊	D 18 ♌
M 19 ♒	D 19 ♓	D 19 ♓ ●	S 19 ♉	D 19 ♊	F 19 ♌
D 20 ♒	F 20 ♈	F 20 ♈	M 20 ♊	M 20 ♋	S 20 ♍
M 21 ♒	S 21 ♈	S 21 ♈	D 21 ♊	D 21 ♋	S 21 ♍ ☽
D 22 ♓	S 22 ♈	S 22 ♈	M 22 ♋	F 22 ♌	M 22 ♎
F 23 ♓	M 23 ♉	M 23 ♉	D 23 ♋	S 23 ♌ ☽	D 23 ♎
S 24 ♈	D 24 ♉ ☽	D 24 ♊	F 24 ♌ ☽	S 24 ♍	M 24 ♎
S 25 ♈	M 25 ♊	M 25 ♊ ☽	S 25 ♌	M 25 ♍	D 25 ♏
M 26 ♉ ☽	D 26 ♊	D 26 ♋	S 26 ♌	D 26 ♎	F 26 ♏
D 27 ♉	F 27 ♋	F 27 ♋	M 27 ♍	M 27 ♎	S 27 ♐
M 28 ♊	S 28 ♋	S 28 ♌	D 28 ♍	D 28 ♎	S 28 ♐
D 29 ♊		S 29 ♌	M 29 ♎	F 29 ♏	M 29 ♐
D 30 ♋		M 30 ♍	D 30 ♎	S 30 ♏	D 30 ♑ ○
F 31 ♋		D 31 ♍		S 31 ♐ ○	

JULI	AUGUST	SEPTEMBER	OKTOBER	NOVEMBER	DEZEMBER
M 1	S 1	D 1	D 1	S 1	D 1
D 2	S 2	M 2	F 2	M 2	M 2
F 3	M 3	D 3	S 3	D 3	D 3
S 4	D 4	F 4	S 4	M 4	F 4
S 5	M 5	S 5	M 5	D 5	S 5
M 6	D 6	S 6	D 6	F 6	S 6
D 7	F 7	M 7	M 7	S 7	M 7
M 8	S 8	D 8	D 8	S 8	D 8
D 9	S 9	M 9	F 9	M 9	M 9
F 10	M 10	D 10	S 10	D 10	D 10
S 11	D 11	F 11	S 11	M 11	F 11
S 12	M 12	S 12	M 12	D 12	S 12
M 13	D 13	S 13	D 13	F 13	S 13
D 14	F 14	M 14	M 14	S 14	M 14
M 15	S 15	D 15	D 15	S 15	D 15
D 16	S 16	M 16	F 16	M 16	M 16
F 17	M 17	D 17	S 17	D 17	D 17
S 18	D 18	F 18	S 18	M 18	F 18
S 19	M 19	S 19	M 19	D 19	S 19
M 20	D 20	S 20	D 20	F 20	S 20
D 21	F 21	M 21	M 21	S 21	M 21
M 22	S 22	D 22	D 22	S 22	D 22
D 23	S 23	M 23	F 23	M 23	M 23
F 24	M 24	D 24	S 24	D 24	D 24
S 25	D 25	F 25	S 25	M 25	F 25
S 26	M 26	S 26	M 26	D 26	S 26
M 27	D 27	S 27	D 27	F 27	S 27
D 28	F 28	M 28	M 28	S 28	M 28
M 29	S 29	D 29	D 29	S 29	D 29
D 30	S 30	M 30	F 30	M 30	M 30
F 31	M 31		S 31		D 31

2027

JANUAR	FEBRUAR	MÄRZ	APRIL	MAI	JUNI
F 1 ♎	M 1 ♐	M 1 ♐	D 1 ♒	S 1 ♓	D 1 ♈
S 2 ♏	D 2 ♐	D 2 ♑	F 2 ♒	S 2 ♓	M 2 ♉
S 3 ♏	M 3 ♑	M 3 ♑	S 3 ♒	M 3 ♓	D 3 ♉
M 4 ♐	D 4 ♑	D 4 ♑	S 4 ♓	D 4 ♈	F 4 ♊ ●
D 5 ♐	F 5 ♑	F 5 ♒	M 5 ♓	M 5 ♈	S 5 ♊
M 6 ♐	S 6 ♒ ●	S 6 ♒	D 6 ♈	D 6 ♉ ●	S 6 ♋
D 7 ♑ ●	S 7 ♒	S 7 ♒	M 7 ♈ ●	F 7 ♉	M 7 ♋
F 8 ♑	M 8 ♓	M 8 ♓ ●	D 8 ♈	S 8 ♊	D 8 ♌
S 9 ♒	D 9 ♓	D 9 ♓	F 9 ♉	S 9 ♊	M 9 ♌
S 10 ♒	M 10 ♓	M 10 ♈	S 10 ♉	M 10 ♋	D 10 ♌
M 11 ♒	D 11 ♈	D 11 ♈	S 11 ♊	D 11 ♋	F 11 ♍ ☽
D 12 ♓	F 12 ♈	F 12 ♉	M 12 ♊	M 12 ♌	S 12 ♍
M 13 ♓	S 13 ♉	S 13 ♉	D 13 ♋ ☽	D 13 ♌ ☽	S 13 ♎
D 14 ♈	S 14 ♉ ☽	S 14 ♊	M 14 ♋	F 14 ♍	M 14 ♎
F 15 ♈ ☽	M 15 ♊	M 15 ♊ ☽	D 15 ♌	S 15 ♍	D 15 ♏
S 16 ♈	D 16 ♊	D 16 ♊	F 16 ♌	S 16 ♎	M 16 ♏
S 17 ♉	M 17 ♋	M 17 ♋	S 17 ♍	M 17 ♎	D 17 ♐
M 18 ♉	D 18 ♋	D 18 ♋	S 18 ♍	D 18 ♎	F 18 ♐
D 19 ♊	F 19 ♌	F 19 ♌	M 19 ♎	M 19 ♏	S 19 ♐ ○
M 20 ♊	S 20 ♌	S 20 ♌	D 20 ♎ ○	D 20 ♏ ○	S 20 ♑
D 21 ♋	S 21 ♍ ○	S 21 ♍	M 21 ♏	F 21 ♐	M 21 ♑
F 22 ♋ ○	M 22 ♍	M 22 ♍ ○	D 22 ♏	S 22 ♐	D 22 ♒
S 23 ♌	D 23 ♎	D 23 ♎	F 23 ♏	S 23 ♑	M 23 ♒
S 24 ♌	M 24 ♎	M 24 ♎	S 24 ♐	M 24 ♑	D 24 ♒
M 25 ♍	D 25 ♎	D 25 ♏	S 25 ♐	D 25 ♑	F 25 ♓
D 26 ♍	F 26 ♏	F 26 ♏	M 26 ♑	M 26 ♒	S 26 ♓
M 27 ♎	S 27 ♏	S 27 ♐	D 27 ♑	D 27 ♒	S 27 ♈ ☾
D 28 ♎	S 28 ♐ ☾	S 28 ♐	M 28 ♑ ☾	F 28 ♒ ☾	M 28 ♈
F 29 ♏ ☾		M 29 ♐	D 29 ♒	S 29 ♓	D 29 ♈
S 30 ♏		D 30 ♑ ☾	F 30 ♒	S 30 ♓	M 30 ♉
S 31 ♏		M 31 ♑		M 31 ♈	

JULI	AUGUST	SEPTEMBER	OKTOBER	NOVEMBER	DEZEMBER
D 1 ♉	S 1 ♋	M 1 ♍	F 1 ♎	M 1 ♐	M 1 ♑
F 2 ♊	M 2 ♌ ●	D 2 ♍	S 2 ♏	D 2 ♐	D 2 ♑
S 3 ♊	D 3 ♌	F 3 ♎	S 3 ♏	M 3 ♑	F 3 ♒
S 4 ♋ ●	M 4 ♍	S 4 ♎	M 4 ♐	D 4 ♑	S 4 ♒
M 5 ♋	D 5 ♍	S 5 ♏	D 5 ♐	F 5 ♑	S 5 ♒
D 6 ♌	F 6 ♎	M 6 ♏	M 6 ♐	S 6 ♒ ☽	M 6 ♓ ☽
M 7 ♌	S 7 ♎	D 7 ♐ ☽	D 7 ♑ ☽	S 7 ♒	D 7 ♓
D 8 ♍	S 8 ♏	M 8 ♐	F 8 ♑	M 8 ♓	M 8 ♈
F 9 ♍	M 9 ♏ ☽	D 9 ♐	S 9 ♒	D 9 ♓	D 9 ♈
S 10 ♎ ☽	D 10 ♏	F 10 ♑	S 10 ♒	M 10 ♓	F 10 ♉
S 11 ♎	M 11 ♐	S 11 ♑	M 11 ♒	D 11 ♈	S 11 ♉
M 12 ♏	D 12 ♐	S 12 ♒	D 12 ♓	F 12 ♈	S 12 ♉
D 13 ♏	F 13 ♑	M 13 ♒	M 13 ♓	S 13 ♉	M 13 ♊ ○
M 14 ♏	S 14 ♑	D 14 ♒	D 14 ♈	S 14 ♉ ○	D 14 ♊
D 15 ♐	S 15 ♑	M 15 ♓	F 15 ♈ ○	M 15 ♊	M 15 ♋
F 16 ♐	M 16 ♒	D 16 ♓ ○	S 16 ♈	D 16 ♊	D 16 ♋
S 17 ♑	D 17 ♒ ○	F 17 ♈	S 17 ♉	M 17 ♋	F 17 ♌
S 18 ♑ ○	M 18 ♓	S 18 ♈	M 18 ♉	D 18 ♋	S 18 ♌
M 19 ♑	D 19 ♓	S 19 ♈	D 19 ♊	F 19 ♋	S 19 ♍
D 20 ♒	F 20 ♓	M 20 ♉	M 20 ♊	S 20 ♌	M 20 ♍ ☾
M 21 ♒	S 21 ♈	D 21 ♉	D 21 ♋	S 21 ♌ ☾	D 21 ♎
D 22 ♓	S 22 ♈	M 22 ♊	F 22 ♋ ☾	M 22 ♍	M 22 ♎
F 23 ♓	M 23 ♉	D 23 ♊ ☾	S 23 ♌	D 23 ♍	D 23 ♏
S 24 ♓	D 24 ♉	F 24 ♋	S 24 ♌	M 24 ♎	F 24 ♏
S 25 ♈	M 25 ♉ ☾	S 25 ♋	M 25 ♍	D 25 ♎	S 25 ♏
M 26 ♈ ☾	D 26 ♊	S 26 ♌	D 26 ♍	F 26 ♏	S 26 ♐
D 27 ♉	F 27 ♊	M 27 ♌	M 27 ♍	S 27 ♏	M 27 ♐ ●
M 28 ♉	S 28 ♋	D 28 ♍	D 28 ♎	S 28 ♐ ●	D 28 ♑
D 29 ♊	S 29 ♋	M 29 ♍	F 29 ♎ ●	M 29 ♐	M 29 ♑
F 30 ♊	M 30 ♌	D 30 ♎ ●	S 30 ♏	D 30 ♐	D 30 ♒
S 31 ♋	D 31 ♌ ●		S 31 ♏		F 31 ♒

2028

JANUAR	FEBRUAR	MÄRZ	APRIL	MAI	JUNI
S 1	D 1	M 1	S 1	M 1	D 1
S 2	M 2	D 2	S 2 ☽	D 2 ☽	F 2
M 3	D 3 ☽	F 3	M 3	M 3	S 3
D 4	F 4	S 4 ☽	D 4	D 4	S 4
M 5 ☽	S 5	S 5	M 5	F 5	M 5
D 6	S 6	M 6	D 6	S 6	D 6
F 7	M 7	D 7	F 7	S 7	M 7 ○
S 8	D 8	M 8	S 8	M 8 ○	D 8
S 9	M 9	D 9	S 9 ○	D 9	F 9
M 10	D 10 ○	F 10	M 10	M 10	S 10
D 11	F 11	S 11 ○	D 11	D 11	S 11
M 12 ○	S 12	S 12	M 12	F 12	M 12
D 13	S 13	M 13	D 13	S 13	D 13
F 14	M 14	D 14	F 14	S 14	M 14
S 15	D 15	M 15	S 15	M 15	D 15 ☾
S 16	M 16	D 16	S 16 ☾	D 16 ☾	F 16
M 17	D 17 ☾	F 17	M 17	M 17	S 17
D 18 ☾	F 18	S 18 ☾	D 18	D 18	S 18
M 19	S 19	S 19	M 19	F 19	M 19
D 20	S 20	M 20	D 20	S 20	D 20
F 21	M 21	D 21	F 21	S 21	M 21
S 22	D 22	M 22	S 22	M 22	D 22 ●
S 23	M 23	D 23	S 23	D 23	F 23
M 24	D 24	F 24	M 24 ●	M 24 ●	S 24
D 25	F 25 ●	S 25	D 25	D 25	S 25
M 26 ●	S 26	S 26 ●	M 26	F 26	M 26
D 27	S 27	M 27	D 27	S 27	D 27
F 28	M 28	D 28	F 28	S 28	M 28
S 29	D 29	M 29	S 29	M 29	D 29 ☽
S 30		D 30	S 30	D 30	F 30
M 31		F 31		M 31 ☽	

JULI	AUGUST	SEPTEMBER	OKTOBER	NOVEMBER	DEZEMBER
S 1 ♎	D 1 ♐	F 1 ♒	S 1 ♓	M 1 ♈	F 1 ♉
S 2 ♏	M 2 ♑	S 2 ♒	M 2 ♓	D 2 ♉ ○	S 2 ♊ ○
M 3 ♏	D 3 ♑	S 3 ♒	D 3 ♈ ○	F 3 ♉	S 3 ♊
D 4 ♐	F 4 ♑	M 4 ♓ ○	M 4 ♈	S 4 ♊	M 4 ♋
M 5 ♐	S 5 ♒ ○	D 5 ♓	D 5 ♈	S 5 ♊	D 5 ♋
D 6 ♑ ○	S 6 ♒	M 6 ♈	F 6 ♉	M 6 ♊	M 6 ♌
F 7 ♑	M 7 ♓	D 7 ♈	S 7 ♉	D 7 ♋	D 7 ♌
S 8 ♒	D 8 ♓	F 8 ♈	S 8 ♊	M 8 ♋	F 8 ♌
S 9 ♒	M 9 ♓	S 9 ♉	M 9 ♊	D 9 ♌ ☾	S 9 ♍ ☾
M 10 ♒	D 10 ♈	S 10 ♉	D 10 ♊	F 10 ♌	S 10 ♍
D 11 ♓	F 11 ♈	M 11 ♊	M 11 ♋ ☾	S 11 ♍	M 11 ♎
M 12 ♓	S 12 ♉	D 12 ♊ ☾	D 12 ♋	S 12 ♍	D 12 ♎
D 13 ♓	S 13 ♉ ☾	M 13 ♋	F 13 ♌	M 13 ♎	M 13 ♏
F 14 ♈ ☾	M 14 ♉	D 14 ♋	S 14 ♌	D 14 ♎	D 14 ♏
S 15 ♈	D 15 ♊	F 15 ♋	S 15 ♍	M 15 ♏	F 15 ♐
S 16 ♉	M 16 ♊	S 16 ♌	M 16 ♍	D 16 ♏ ●	S 16 ♐ ●
M 17 ♉	D 17 ♋	S 17 ♌	D 17 ♎	F 17 ♐	S 17 ♑
D 18 ♊	F 18 ♋	M 18 ♍ ●	M 18 ♎ ●	S 18 ♐	M 18 ♑
M 19 ♊	S 19 ♌	D 19 ♍	D 19 ♏	S 19 ♐	D 19 ♒
D 20 ♊	S 20 ♌ ●	M 20 ♎	F 20 ♏	M 20 ♑	M 20 ♒
F 21 ♋	M 21 ♍	D 21 ♎	S 21 ♐	D 21 ♑	D 21 ♒
S 22 ♋ ●	D 22 ♍	F 22 ♏	S 22 ♐	M 22 ♒	F 22 ♓
S 23 ♌	M 23 ♎	S 23 ♏	M 23 ♑	D 23 ♒	S 23 ♓ ☽
M 24 ♌	D 24 ♎	S 24 ♐	D 24 ♑	F 24 ♓ ☽	S 24 ♈
D 25 ♍	F 25 ♏	M 25 ♐ ☽	M 25 ♑ ☽	S 25 ♓	M 25 ♈
M 26 ♍	S 26 ♏	D 26 ♑	D 26 ♒	S 26 ♓	D 26 ♈
D 27 ♎	S 27 ♐ ☽	M 27 ♑	F 27 ♒	M 27 ♈	M 27 ♉
F 28 ♎ ☽	M 28 ♐	D 28 ♒	S 28 ♓	D 28 ♈	D 28 ♉
S 29 ♏	D 29 ♐	F 29 ♒	S 29 ♓	M 29 ♉	F 29 ♊
S 30 ♏	M 30 ♑	S 30 ♒	M 30 ♓	D 30 ♉	S 30 ♊
M 31 ♐	D 31 ♑		D 31 ♈		S 31 ♋ ○

Danksagung

Dieses Buch hätte ich ohne die so kurzweiligen wie tiefsinnigen Gespräche mit Menschen in ganz Österreich und in Bayern nicht schreiben können. Vielen Dank für die Zeit, die ihr euch für mich genommen habt:

Johanna Paungger-Poppe und Thomas Poppe, *Mondexperten*
OSR Rupert Mayr, *Hauptschuldirektor i. R. und Naturphilosoph*
Wolfgang und Michael Geistlinger, *Sägewerker*
Martina Monghy, *Angestellte*
Gerhard Zoubek, *Inhaber ADAMAH*
Univ.-Prof. Franz Kerschbaum, *Leiter des Instituts für Astrophysik*
Dr. Johannes Homa, *CEO Lithoz*
Robert Rendl, *Pecher*
Anneliese Hierzegger, *Kräuterpädagogin*
Birgit Braunstein, *Weinbäuerin*

Danken möchte ich auch dem Team von Benevento Publishing, dem Servus-Buchverlag, allen voran meiner Lektorin Anna Friedl und dem Programmleiter Christoph Loidl.

Über den Autor

Christoph Frühwirth versteht sich als Handwerker im klassischen Sinn: Er arbeitet immer von Hand. Ob für das Theater, den Film oder Magazine. Als Schriftsteller war er unter anderem mit »Trautmann« Wolfgang Böck im Oldtimer unterwegs und mit dem »Bockerer« Karl Merkatz auf den heimischen Bühnen. Als Dramatiker zeichnet er sich für einen der größten heimischen Publikumserfolge der letzten Jahre aus: den »Blunzenkönig«. Sein Lebensthema ist »Land und Leute«.

Literaturverzeichnis

- Johanna Paungger/Thomas Poppe: *Vom richtigen Zeitpunkt.* München 1991.
- Sämtliche weiterführende Literatur von Paungger/Poppe unter: **www.paungger-poppe.com**
- Rupert Mayr/Dr. Renate Zeltner: *Vom Umgang mit den Zeichen der Natur.* München 1996.
- Bernhard u. Rupert Mayr: *Sagenhafte Kindheit.* Innsbruck 2000.
- Hugh Aldersey-Williams: *Flut. Das wilde Leben der Gezeiten.* München 2017.
- Christian Schölnast: *Vergangenes Volksleben in der Oststeiermark.* Graz 1998.
- Christoph Frühwirth: *Handbuch Handwerk.* Wien 2015.
- Wolf Helmhard von Hohberg: *Georgica Curiosa.* Wien 1985.
- Johanna Reinisch: *Alles zu seiner Zeit.* Wien, 2008.

Impressum

Sämtliche Angaben in diesem Werk erfolgen trotz sorgfältiger Bearbeitung ohne Gewähr. Eine Haftung der Autoren bzw. Herausgeber und des Verlages ist ausgeschlossen.

1. Auflage © 2022 Servus Verlag bei Benevento Publishing Salzburg – München, eine Marke der Red Bull Media House GmbH, Wals bei Salzburg

Alle Rechte vorbehalten, insbesondere das des öffentlichen Vortrags, der Übertragung durch Rundfunk und Fernsehen sowie der Übersetzung, auch einzelner Teile. Kein Teil des Werkes darf in irgendeiner Form (durch Fotografie, Mikrofilm oder andere Verfahren) ohne schriftliche Genehmigung des Verlages reproduziert oder unter Verwendung elektronischer Systeme verarbeitet, vervielfältigt oder verbreitet werden.

Gesetzt aus der Minion Pro, Mermaid, Semplicita Pro, Linotype Astrology Pi
Covergestaltung: Lisa Haunschmid
Illustration Cover und Innenteil: Andreas Posselt
Innenteilgestaltung und Satz: Christina Wasenegger

Medieninhaber, Verleger und Herausgeber:
Red Bull Media House GmbH
Oberst-Lepperdinger-Straße 11–15
5071 Wals bei Salzburg, Österreich

Printed by Neografia in Slovakia
ISBN 978-3-7104-0317-0

FSC
www.fsc.org
MIX
Papier | Fördert gute Waldnutzung
FSC® C020353